华夏基石管理评论

源于本土实践的管理思想原创基地

华夏基石管理咨询集团 主编

第五十七辑

官方微信

中国财富出版社有限公司

图书在版编目（CIP）数据

华夏基石管理评论．第五十七辑 / 华夏基石管理咨询集团主编．— 北京：中国财富出版社有限公司，2021.4

ISBN 978-7-5047-7391-3

Ⅰ．①华… Ⅱ．①华… Ⅲ．①企业管理 Ⅳ．① F272

中国版本图书馆 CIP 数据核字 (2021) 第 050461 号

策划编辑 李　晗　　**责任编辑** 邢有涛　李　晗

责任印制 梁　凡　　**责任校对** 杨小静　　**责任发行** 白　昕

出版发行 中国财富出版社有限公司

社　　址 北京市丰台区南四环西路 188 号 5 区 20 楼　　**邮政编码** 100070

电　　话 010-52227588 转 2098（发行部）　010-52227588 转 321（总编室）

010-52227588 转 100（读者服务部）　010-52227588 转 305（质检部）

网　　址 http://www.cfpress.com.cn　　**排　　版** 华夏基石

经　　销 新华书店　　**印　　刷** 北京柏力行彩印有限公司

书　　号 ISBN 978-7-5047-7391-3/F・3275

开　　本 889mm×1194mm　1/16　　**版　　次** 2021 年 4 月第 1 版

印　　张 10.5　　**印　　次** 2021 年 4 月第 1 次印刷

字　　数 141 千字　　**定　　价** 88.00 元

2021年第一辑 总第五十七辑
华夏基石管理咨询集团 主编

源于本土实践的管理思想原创基地

总 编：彭剑锋

主 编：尚艳玲

版 式：罗 丹

咨询与合作： 010-62557029 010-82659965转817 13611264887
读者交流群： 微信 s13611264887
网 址： www.chnstone.com.cn
地 址： 中国北京市海淀区海淀大街8号中钢国际广场六层（100080）

主办
北京华夏基石企业管理咨询有限公司
China Stone Management Consulting Ltd.

CHINA

INTRODUCTION
本辑导读

壹

2021年把世界环境引向不确定的两个大变量，仍然是新冠肺炎疫情和中美关系。世界应对“新冠”的战争以及病毒的进化仍然充满了变数，中美之间的博弈也会极大影响世界政治经济环境。对企业来说，恐惧和抱怨毫无意义。企业的使命从来就是“资源跟着机会走，能力跟着变化走”。2021年，面对五大现实问题，刷新六大认知，构建新格局、树立新思维、打造长期能力，开启中国企业新成长之路。（见2页）

贰

数字经济时代，如何构建企业护城河？只有永不休止的技术创新与组织进化！数字经济时代，组织的生命力来自对不确定环境的适应，以及感知场景的能力。（见38页）

企业长期发展的长期动力是什么？唯有文化！企业文化管理的核心工作应当是经营组织成员信念或者心智模式，使组织成员在信念的牵引下保持创新、创造的活力，最终支撑企业长期发展。（见51页）

构建一支高绩效的团队是每个企业的梦想，但高绩效团队究竟长什么样？为什么你的企业建不起来一支“胜则举杯相庆，败则拼死相救”的团队？从认知到方法，教你构建一支打胜仗的团队。（见62页）

叁

一个企业持续成功的基石究竟是什么？彭剑锋认为，“支撑企业持续成长、做强做大的力量就是产品力、组织力、资本力的三位一体”。郭伟说，从“组织能力七力”中的任何一条线切入都能到达整个系统。苗兆光从企业能力成长的过程，即“一边住着窝棚，一边建大厦”的现实问题出发，提出了如何在成长过程中发育能力。夏惊鸣进一步聚焦到企业二次创业阶段，提出二次创业的核心就在于建体系、建能力。其实他们的主张是一致的——企业持续成功的基石，就是把能力建在组织上！（见74页）

肆

在一些新兴经济领域，人才密度战略已经成为企业的核心战略，企业家们成为“首席找人官”。人才密度战略究竟如何实施？请看陈明老师的分析与建议。（见106页）

企业间的竞争已转变为人才的竞争。未来五年是中国企业从依靠低成本优势转向高质量发展的关键五年，与此相匹配的是人才的高质量发展。洞见人力资源管理发展趋势，创新人力资源机制与人才管理是中国企业在“十四五”期间的“必修课”。（见115页）

伍

真正的企业家都是实干家。中国企业家宋志平在2021年新年演讲中说：“我想跟大家讲我常思考的三个常理，就是务实主义、专业主义和长期主义。”（见134页）

“每本书都说第一次世界大战是一场军事上不完全的战争，为什么?老师不假思索地回答道：‘因为死的将军还不够多，他们总是躲在战线后方让别人去冲锋陷阵’”。德鲁克用这个例子说明：高效的领导者并不是布道者，而是实干家。（见142页）

CHINA STONE MANAGEMENT CONSULTING GROUP

华夏基石管理咨询集团

最懂本土企业的研究型管理咨询机构

创始人：彭剑锋

中国人民大学劳动人事学院
教授、博士生导师
华夏基石集团董事长

由中国本土管理咨询业开拓者之一、华为“人大六君子”之一、著名管理咨询专家彭剑锋创办。

会聚了近500位毕业自国内外知名学府，既具有扎实的专业理论功底，又有丰富实践操作经验的资深顾问。

由50多位知名教授学者、中青年专家组成的智库团队。

中国企业联合会管理咨询委员会副主任单位；2015—2017年连续三年入选“中国管理咨询机构50大”名单，并蝉联第一；先后荣获“人才发展服务杰出供应商”“最具满意度的综合性服务机构”“客户信任的管理咨询机构”“中国咨询业十大领导品牌”等**多项荣誉称号**。

为客户创造价值

与客户共同成长

华夏基石十月管理高峰论坛

Chnstone October Management Forum

2021第九届
华夏基石十月管理高峰论坛 **参会报名进行时……**

往期回顾

2020第八届
华夏基石十月管理高峰论坛

再造组织新能力——
新能力系统重构与数字化转型

2019第七届华夏基石十月管理高峰论坛

活法：行业领袖与隐形冠军崛起之道

管理构筑基石 咨询智启未来

2018第六届华夏基石十月管理高峰论坛

认知革命——宏观变局与数字化生存

2017第五届华夏基石十月管理高峰论坛

企业家精神与中国企业战略成长

2016第四届华夏基石十月管理高峰论坛

回归常识——探寻企业成长新动能

2015第三届华夏基石十月管理高峰论坛

谷底重生——拥抱产业互联网

2014第二届华夏基石十月管理高峰论坛

中国企业：向生而生——重构战略成长

2013第一届华夏基石十月管理高峰论坛

质变与中速时代，中国企业如何转型升级

洞见生存发展本质命题，智启经营管理战略未来

“华夏基石十月管理高峰论坛”（简称“十月论坛”）由华夏基石管理咨询集团主办，致力于推动中国企业管理模式的创新与实践，助力中国企业健康长远发展。论坛创办于2013年，于每年10月最后一个周末举行，每年有超过1200位深具思想力的管理学界权威、深具变革力的企业领袖、深具活力的知名企业核心高管代表出席。“华夏基石十月管理高峰论坛”已被公认为中国企业界及管理学界深具影响力的论坛。

本期专题

2021 新格局，新能力，新成长

建立新格局，培育新能力，实现新成长……… 彭剑锋 5

后疫情时代的企业业绩突围
——时代新特征、战略新空间、成长新能力 …… 谷奇峰 9

2021，新格局，新思维，开启新成长之路 … 夏惊鸣 15

2021，中国企业需刷新六大认知 …………… 苗兆光 27

回归常识和管理基本功……………………………… 34

管理洞见

构建数字时代的护城河：永不休止的技术创新与组织进化

张百舸

唯有文化能构筑企业发展的长期动力 ………… 杨四伟 51

练就一支重量级的高绩效团队 …………………… 高正贤 62

组织能力

中国企业持续成功的基石——把能力建在组织上

构建企业持续成功“三支柱”：产品力、组织力、资本力 ………… 彭剑锋 75

组织能力的“七力模型” ………… 郭 伟 80

如何一边住着窝棚，一边建大厦?
——建设组织能力的七个现实问题 ………… 苗兆光 88

组织能力建设的关键期是二次创业阶段 ………… 夏惊鸣 98

聚焦HR

加速度时代的制胜策略：人才密度

陈 明

未来五年需要关注的十大人力资源焦点问题 ………… 彭剑锋 115

以能力为基础的任职资格标准开发 ………… 韦淑蓉 周 磊 125

阅读与思考

历练50年以上才有可能成为伟大企业
——宋志平跨年演讲：按着常理做企业

宋志平

“死的将军还不够多”
——高效的领导者并不是布道者，而是实干家 ………… [美]彼得·德鲁克 142

草根领导 ………… [美]萨莉·赫尔格森 146

二次创业的实质：用理性权威代替个性权威 ………… 包 政 151

本期专题

CHINA STONE

提质增效是中国企业目前普遍要面对的重要课题。提高资产的质量，提高盈利能力，提高产品技术创新的能力。

——彭剑锋

华夏基石“3+1”论坛第34次活动

研讨嘉宾

彭剑锋 华夏基石管理咨询集团董事长，中国人民大学劳动人事学院教授、博士生导师

苗兆光 北京华夏基石双子星管理咨询公司联合创始人、联席CEO，训战结合咨询专家

夏惊鸣 北京华夏基石双子星管理咨询公司联合创始人、联席CEO，训战结合咨询专家

谷奇峰 博士，华夏基石企业成长研究院院长

策划/主持/文字

尚艳玲 《华夏基石管理评论》主编，企业文化咨询与研究顾问

在谈“新格局，新成长，新能力”这个主题之前，要谈一下背景，即后疫情时代的新趋势。经历了魔幻般的2020年，2021年，世界正面临着一种什么样的商业大趋势？

我关注到两本相关的书。一本是世界经济论坛创始人克劳斯·施瓦布的《后疫情时代：大重构》，在这本书中，施瓦布认为全世界表现出这样几个主要的趋势，我尝试提炼其核心观点如下。

(1)不断加速的数字化，“不断开放的网络空间正在成为后疫情时代的强大趋势之一”。越来越多的经济活动别无选择，只能以数字化形式开展，包括教育、咨询和出版在内的许多经济活动都是如此。

(2)具有韧性的供应链，为了切实预防供应链中断，有可能需要抛弃效率优先的理念，转而更加注重供应链的安全和韧性。

(3)利益相关者理念和致力于实现可持续的价值更为突出。过去10年中发生的重大变化，对企业的经营环境产生了深远影响：企业日益注重利益相关者理念和环境、社会和治理（ESG），致力于实现可持续的价值创造。

(4)政府和企业关系微妙的变化。新冠肺炎疫情改写了公共部门和私营部门间的许多规则。后疫情时代，政府将大大加强对企业的干预力度。政府强力介入企业经营生态是好还是坏？会因国家和行业而异，并且会呈现多种表现形式。比如在一些国家，更好地协调公共政策和企业规划将成为政府干预企业事务过程中的关注重点。

另一本书是中国经济学家王德培的《中国经济2021：开启复式时代》，书中提出“复式时代，底部创新”的概念。所谓复式，就是“更深程度、更宽范围的兼容互联，勾兑融合”。而所谓“底部创新”，作者从中国企业的视角观察世界，认为 2021 年世界经济将继续探寻底部，然而，在探寻底部的基础上，更需要从底部突围。

王德培认为，决战未来，关键在于创新，主要包含三个方面的创新。

(1) 基础理论创新。从技术到科学，从实践到理论，进行基础理论创新。当下，区块链、虚拟现实（VR）、机器学习、基因编辑、自动驾驶等新兴技术均根植于基础学科的突破，在这些技术的更底部，就是数学、物理、化学等基础学科领域。这意味着，伴随着新一轮科技革命和产业变革的兴起，聚焦基础科学研究，方能打造面向未来的科技引擎。

(2) 制度创新。经济发展不会停止，制度创新未有穷期。以中国为例，中国正在脱离以技术转移、外包生产为特征的追赶型增长时期，在此条件下，经济再向前发展，主要靠技术创新，而技术创新需要更深刻的制度创新。

(3) 以组织创新为抓手，增强组织活力。复式时代正在到来，从宏观、中观到微观，从整体到局部，从国家到企业，全方位地掀起了重新组织化和组织创新的浪潮。换言之，在未来，个体将无法单独存在，而是必须在复式组织中兼容互联。这意味着，对于个体而言，若想搭上时代的“火车头”，都离不开组织创新这个抓手。

概言之，2021 年，从底部突围既离不开基础理论创新，也离不开制度创新，更离不开组织创新的内在驱动力。在此基础上，进而培育出新生产力，为下一轮辉煌做准备。

以上是经济学家对于全球及中国经济趋势的预测。回到企业的视角，在这些变化面前，我们怎么洞见机会、洞察市场，做好新的发展规划，又怎样进行创新和能力构建，积蓄新发展之势？（尚艳玲）

建立新格局，培育新能力，实现新成长

一、中国企业面临的宏观环境新变化

新时代、新格局，宏观环境有一些变化，但可能没有大家想象的那么大，主要体现在三个方面。

(1) 从中国的宏观经济环境来讲，就是步入双循环、高质量发展时代。我们不能背离这个经济背景，这是伴随经济环境的一个大背景。就像常说的那样，当今世界正经历百年未有之大变局，我国发展仍然处于重要战略机遇期，但机遇和挑战都有新的发展变化。

(2) 从国际格局背景来讲，就是全球化重构与中美战略竞争态势的形成。全球化重构，就是建立新的全球化规则。以世界贸易组织（WTO）为核心的全球贸易规则确实比较适合新型经济体，后来以美国为代表的发达国家发现，在 WTO 的规则下，发达国家是吃亏的，因此，他们不是说要否定全球化，而实际上是要重构规则，使得规则更符合发达国家的利益要求。所以说，现在处于全球化重构阶段。

彭剑锋

在中美关系方面，不管是民主党执政，还是共和党执政，中美之间的战略竞争已经在美国两党形成共识，这是改变不了的。所不同的只是，一个上来就用直拳勾拳打，一个讲究“政治正确”。拜登政府一上台，又用上了民主党的“颜色革命”那一套。按俗话讲，特朗普和拜登对待中国，一个是来明的，一个是来暗的；一个从实用主义、从利益出发，另一个从意识形态和价值观出发。但不管谁执政，中美之间的战略竞争态势是不会变的，只是斗争的策略和方式方法会发生变化。

(3) 从科技发展情况来讲，就是数智化时代的背景，一个是数字化，一个是智能化。数智化时代既给中国企业带来了挑战，同时又带来了机遇，尤其是大数据在中国的运用，有着全世界都没有的优势。

二、中国企业面临的五大现实问题

(一) 成本在上升，能力在下降

很多企业做大做肥以后，都面临这个问题。中国大企业的盈利能力实际上是在下降的，除了互联网垄断企业以外，真正的制造企业，规模做得越大，盈利能力越是下降。查一下上市公司的年报就会发现，很多企业都是规模在增加，利润和盈利能力在下降。这是一个很现实、很残酷的问题。盈利能力下降主要有两方面原因：一是中国大企业的系统管理能力不足、精益化管理能力不足，大了以后容易乱；二是中国企业技术创新能力不行，导致没有获取到技术创新的差异化红利。管理不行，导致成本升高；创新不行，导致没有盈利空间。

> 中国芯片产业有两大‘卡脖子’领域，一个是光刻机，另一个是药水。

为什么我们提出中国企业未来就是要提质增效？提

质增效是未来的发展趋势，如果不解决提质增效的问题，肥胖而不强壮，就会导致资产质量差，主要体现在三个方面：一是成本趋高，盈利能力下降；二是各方面能力跟不上；三是资产“虚胖”，比如海航和方正的破产重组，就是因为资产负债率太高了。所以说提质增效，提高资产的质量、提高盈利的能力、提高产品技术创新的能力，是中国企业目前所面临的共同问题。

（二）头部企业、领先企业面临着“卡脖子”的风险

没有产业链控制能力，就会被美国“卡脖子”。中国芯片产业有两大“卡脖子”领域，一个是光刻机，另一个是高端光刻胶。光刻机还可以造出一个机器来，胶水则不行，全世界就一家，在美国，它是低值易耗品，是被美国控制了的独特技术。我们不像韩国企业、日本企业形成了完整的产业链控制能力，尤其像韩国生产半导体的企业。中国企业没有完整的产业链控制能力，技术上就容易被人家“卡脖子”，这是中国企业面临的最大风险。

如何突破产业链的控制力不足，以及“卡脖子”问题，是一个挑战，也是从国家战略层面要解决的问题。

（三）主营业务成长乏力，新业务发育不出来

中国绝大多数企业都面临着主营业务成长乏力，发育不出来新业务的困境，就是企业的第二成长曲线找不到，这是中国所有发展得比较好的企业都在面临的问题。第二成长曲线在哪里、如何寻找？找到了，又如何实现新的成长？我认为，这是企业战略要面临的新选择、新布局。

（四）组织能力不足，匹配不了业务发展

中国企业发展到今天，真的需要思考组织能力如何升级、如何找到新组织能力的问题了。有一个企业家，过去是做地产的，做得挺好，前两年决定去做健康产业，于是去海南拿下了一块土地建健康城，但效果并不理想。大健康的概念是很好，但是从外部来说，需要培育消费者，从内部来说，需要有大健康方面的组织能力，企业内部没有相应的能力，新事业、新业务很难做起来。

现在的很多企业是组织能力不足，组织支撑不了业务战略，公司的治理结构、管控模式或多或少都存在问题。比如一些企业搞平台化，可是连数字化都没有，哪里来的平台化？再如搞合伙制，却没明白合伙制的前提是必须要为合伙人赋能，等等。如果没有这些前提，没想明白这些事，人员能力跟不上，组织能力跟不上，机制跟不上，再怎么搞，也就是一个项目性公司，一个个体户。

（五）团队与人才队伍建设跟不上发展需要

新事业、新业务需要企业领导班子的认知、思维和领导力跟上去，需要整个干部队伍跟上去，需要有合适的人才。中国现在最缺的人才是准企业家人才，为什么？因为从改革开放到现在，大多成功的中国企业都是以专制集权的管理模式和企业文化为主，而集权文化下产生不了准企业家。现在的企业普遍缺乏三种人才：第一缺乏准企业家；第二缺乏开拓新业务的技术创新人才；第三缺乏具有新能力的干部队伍，特别是具有跨界融合能力的干部队伍。

只有围绕这五大基本命题提供解决方案，才能帮助中国企业建立新格局，培育新能力，实现新成长。成长是最后实现的，有了新格局、新能力，才能实现新成长。

（本文根据彭剑锋在论坛上的讲话整理编辑）

后疫情时代的企业业绩突围

——时代新特征、战略新空间、成长新能力

一、不确定时代下的企业新焦虑

当前，企业发展的外部环境确实发生了非常大的变化，即所谓的“VUCA”时代（不确定时代）。通过世界 500 强榜单近 40 年排名 Top 10 企业的变化，就能感觉到这个世界的变化。1990 年世界 500 强中 Top 10 的企业大多是金融企业，因为那是工业化时代，金融企业可以助力工业企业；到了 2000 年，Top 10 企业的绝大多数是通信公司，所谓的 IT 时代到来了；再到 2020 年年底，Top 10 企业的绝大部分是头部互联网公司，这说明数字时代来临了。根据中国信息通信研究院（简称信通院）发布的《中国数字经济发展白皮书（2020 年）》，截至 2019 年 12 月 31 日，中国的数字经济增加值规模达 35.8 万亿元，占整个 GDP 的比重为 36.2%。而在 2020 年新冠肺炎疫情的影响下，社会的数字化进程又加速推进了。

谷奇峰

在过去一年里，我走访了很多企业家，发现他们普遍感到焦虑和不安。这种焦虑和不安主要表现在五个方面。

一是在环境认知层面。节奏越来越快，变化越来越

多，很多企业家对时代的认知是迷茫的，不知道自己该往哪儿走。

二是在营销战略层面。不少企业的现状是虽然收入稳步增长，但运营成本不断提高，净利润出现下降，不知道企业的存量业务该如何实现业绩的突围。

三是在成长战略层面。随着数字化时代的不断演进，几乎每一家企业，特别是规模以上企业都在寻找企业持续发展的第二曲线。

四是在组织能力层面。企业确定发展方向后，组织能力如何保持柔性，如何让组织能力支撑战略发展？这是每个企业家都在考虑的问题。

五是在团队建设层面。主要体现在怎样打造一支能打胜仗的高绩效团队。

二、数字经济时代下的社会新特征

面对这样一个具有高度不确定性的外部经营环境，企业家要做好企业的战略布局，首先要深刻理解数字经济时代下的社会新特征。

传统经济是高交易成本的经济，即摩擦经济。在农业经济时代，经济交易靠车船，交易成本高，经济活动局限在个体之间；在工业经济时代，经济交易可以依靠公路网和航空网，经济活动局限在区域之间，交易成本相对低了很多；在互联网信息时代，经济交易可以依靠信息网络，大大降低了交易成本，经济活动可以扩展到全球，使人类进入非摩擦经济时代。

互联网信息时代推动了网络交易经济的崛起，推动传统经济由摩擦经济向非摩擦经济快速转变。网络交易的过程可以分成交易前、交易中和交易后三个阶段，成本主要是信息成本、订约成本与履约成本。

在传统经济时代，产品与服务交易的信息成本、订约成本、履约成本都很高。随着互联网信息技术推动数字经济时代的来临，交易前的信息收集成本通过大规模的网络引擎搜索降低了；在交易中，通过网络竞价，价格信息透明，价格歧视现象大大减少了；事后的履约交付成本也降低了很多。

> 每个企业都要面临战略新空间的第二增长曲线问题。

举一个卖旧车换新车的案例。以前为了把旧车卖掉换新车，得拜托亲朋好友到处打听潜在的买主。而现在只要在某二手车平台上发布一个信息，或许 1 小时内买主就会找上门，取得联系后，平台会对私家车做 295 项检测。有这些检测数据，相当于买主和卖主之间关于车的信息是透明的，这样的话，定价对于买方和卖方都是客观公正的。履约完成后，在一定时期内购车款是在电商平台上，如果在此期间发现了新的瑕疵，购车款会原封不动地退回买主手里。

由此可见，数字化时代的网络经济交易，大大降低了信息成本、订约成本、履约成本，大大提高了交易频度，促进了经济的发展。当企业家把握好了数字化时代的新特征，就会对目前的很多经济现象有深刻的洞察，在这种情况下做的业务思考，才会是面向未来的战略布局。

三、在业务布局上的战略新空间

每个企业都要面临战略新空间的第二增长曲线问题。拉姆·查兰做了一个研究，把企业发展的不确定性分为两种：一种叫经营的不确定性，是由传统存量业务经营带来的不确定性；另一种叫结构的不确定性，是由于外部环境的变化导致企业存在的不确定性。前者是可见的，经营不好业绩就下滑，经营得好业绩就增长，正是因为看得见投入与产出，不少企业家把大量的时间都花在了这上面。从这个角度讲，经营的不确定性相对而言还是确定的。但是，结构的不确定性更多是因为环境的变化，这是真正的不确定。

企业在谋求新增长的时候，一定要在第一曲线到达巅峰前，开启第二曲线，使第二曲线开始实现增长。不能等到第一曲线衰落的时候再开始做第二曲线，因为第一曲线的积累可以为第二曲线的发展提供资源和能力，如果晚了可能就来不及了。

讲一个案例，某医学公司（以下简称“A 公司”）在 2020 年疫情期间业务成长得很快，2020 年销售收入突破 50 亿元。A 公司是做检测外包的，三甲医院能做 900 多种检测，而 A 公司能做 2800 多种检测。检测实验室拥有全种类的检测设备，因为设备价格昂贵，如果医院的规模不大，一般不会买设备，所以只要医院做不了的，就都外包了。医院都把那些检测频次比较低的项目外包给了第三方医学检测公司，且二甲医院和一甲医院的医学检测设备投资更少，检测外包的比例就更高。目前，全国医院的外包检测比例仅为 5% 左右，还有很大的成长空间，所以第三方检测公司的这块业务成长性非常好。尤其在 2020 年抗击新冠肺炎疫情期间，客户都主动找上门来，甚至有的地方政府都来找这些检测公司。因此 A 公司销售收入大涨，股价也涨得很高。

尽管如此，A 公司业务发展也存在一定的危机。其表现就是检测的价格在不断下降。比如在北京做核酸检测之前是 230 元 / 人，现在已经降到了 80 元 / 人。可以预见到，未来竞争者会陆续入场，价格还会再降，有的区域已经降到了 30 元 / 人。所以就 A 公司目前的业务范围来说，其蓝海市场没有那么大，只要这个领域赚钱，更多的企业都会进来。

A 公司的问题是，它的战略新空间在哪里？带着这一问题，我们

访谈了公司高管。现在公司每年能做 5000 万 ~ 7000 万人次的医学检测，未来 10 年就能拥有几亿人的医学检测大数据。公司未来可以根据大数据，为客户精准推荐健康保险和大健康服务，这块大健康业务是一个万亿市场空间，远远大于医学检测的千亿市场空间。我们可以期待 A 公司未来涉足大健康领域，开辟新业务成长的战略新空间。

综上所述，面对数字化时代，每个企业在面临存量业务业绩突围的同时，找到自己战略新空间的第二曲线，要不断地培育它，而且要在第一曲线到达巅峰前使第二曲线实现增长。

四、企业面向未来的成长新能力

企业家需要具备什么样的能力，才能够让企业具备面向未来的成长新能力呢？主要有四种。

第一种是洞察顾客的能力。不管外部环境如何变化，企业的发展一定要围绕着顾客需求，一定要围绕着顾客价值去改变。顾客是中心，围绕顾客需求的变化，才是企业真正应该做的事情。只要能够超前性洞察顾客需求，或者满足顾客当下需求，企业在战略方向上就不会有大的问题。

第二种是整合资源的能力。在外部环境的变化下，顾客需求也在发生很大的变化，企业原有能力是否一直能够完全满足客户新需求？答案是不确定的，甚至是肯定不能满足。所以，企业在产业里面一定要具备整合别人资源的能力，或者与合作伙伴共生的能力，其目的是降低企业的规模生产边际成本来满足客户需求，让客户能够享受到高性价比的优质服务，这是企业的核心竞争力。

第三种是构建柔性组织的能力。企业外部整合了很多资源，拥有许多共生合作伙伴后，企业内部的组织能力要随着战略的调整而进行适应。传统经济时代，很多企业的成功是由于“核心能力刚性”，在数字经济时代，企业需要有柔性的组织能力，来适应公司的新战略调整，让企业能够面对客户需求，整合外部资源，企业组织还要进行高价值的无缝连接。

第四种是打造高效团队的能力。人是最重要的决定因素，一个团队能够洞察到客户的需求，整合外部的资源，同时又能打造内部的组织能力，具备高效的执行能力，能够把公司的战略落地，这就是高效团队的能力。

在后疫情时代，企业如果具备这四种能力，就可以实现企业的战略经营面向现在与未来。

最后，在不确定的环境中，企业家需要了解数字经济时代的社会新特征，从而能够更好地在业务布局上找到业务突围的新路径，以及新业务成长的战略新空间，通过锻炼面向未来的四种新成长能力，最终实现企业的可持续、高质量发展。

2021，新格局，新思维，开启新成长之路

一、四大新格局开启新成长之路

目前，中国经济、中国企业究竟面临着什么样的新格局，概括起来讲，可以总结为四点：最大的劳动力市场延伸出最大的消费市场；从机会成长阶段向能力成长阶段转型；以"需求"拉动的产业建设期向以"痛点"驱动的产业改造期转型；从"后发优势"的旧技术周期红利向"先发优势"的新技术周期红利转型。

这些转型过程不是从2021年开始，而是在早几年前就开始了，现在趋势越来越明朗。尽管如此，对新格局进行本质性认识对企业的经营发展还是有很大的指导意义的，尤其需要认识到新技术周期红利对中国、对中国企业的意义。

新格局之一：最大的劳动力市场延伸出最大的消费市场

夏惊鸣

这是毋庸置疑的，中国已经是全球第二大消费市场，未来成为全球最大的消费市场应不是问题。我们可以观察到最近几年，在新零售、消费品领域，新兴企业风起云涌，创新不断。我们的机会不仅仅是融入全球领军企业产业链，成为全球制造中心，也有围绕一个最大消费市场进行消费品创新与经营的机会。尤

其是在互联网时代，降低了品牌与渠道的壁垒，给新兴企业创造了更容易崛起的机遇。另外，就是我们城市化持续、高速发展，重在硬件建设，快在硬件建设，但会存在服务消费的结构性供应短板，也会带来消费总量的提升。

需要注意的是，目前对消费市场的最大不确定性影响是中美对抗和国内房地产可能带来的经济动荡。

新格局之二：从机会成长阶段向能力成长阶段转型

我们往回看，前30多年中国企业的成功基本都是“风口型”的成功，干什么都容易赚钱。华为当年做交换机，联想做电脑，海尔、美的做家电的时候，要技术没技术，缺钱又缺人才，但是处于一个“风口型”市场，各层次市场机会足够多，供不应求，允许犯错。但发展到现在，必须由机会成长阶段向能力成长阶段转型。因为“风口型”市场总会趋于成熟，当市场趋于成熟，比拼的是竞争力，是核心能力。没有利用“风口”的窗口期打造出竞争力，就会带来生存空间受挤压的痛苦。而且，现在的竞争力要着眼于全球，要具备全球性竞争力。过去机会很多，努力抓住即可；现在更多的是依靠自己的能力找机会，或者创造机会。

从机会导向型的成长向能力导向型的成长转变，这一问题在2010年就开始讲了，但缺乏核心竞争力仍然是中国企业的一个重要课题，仍然是中国企业需要面对的新格局，同时，也是抓住新机会发展起来的企业所要吸取的教训。

新格局之三：以“需求”拉动的产业建设期向以“痛点”驱动的产业改造期转型

需求和痛点不是两个区分非常严谨的概念，但可以反映出一种状态的区别。所谓需求拉动，就是供应不足，或者由于比较优势的存在，其他国家产业链转移过来的机会，形成一定的“风口”。所谓痛点驱动，就是供应能力充分，但存在行业或客户痛苦——行业总有发展的症结，或者是客户的某种需求满足得很痛苦。

“需求”拉动了产业的建设与繁荣，丰富和健全了各类企业。但随着“需求拉动”效应地褪去，变成了存量竞争。存量竞争，一方面就是机会成长向能力成长阶段转型所需要的，打造核心竞争力，成为行业或品类冠军，另一方面就是基于行业和客户痛点进行改造。“痛点”驱动的是产业的改造与升级，甚至是资产改造带来的商业模式创新，尤其是基于互联网时代，数字化、智能化给了我们可以改造的核心抓手。所以有人讲，中国所有行业都值得重做一遍，就是这个道理。

新格局之四：从“后发优势”的旧技术周期红利向“先发优势”的新技术周期红利转型

如何理解新技术周期红利？理解新技术周期红利这一点非常重要。一个落后的国家发展起来，可以依靠后发优势和比较优势，但是要强大起来，必须要抓住时代性、引擎型新技术周期红利，利用先发优势，形成全球产业竞争力。

我们回顾一下日本和韩国是怎么崛起的，就能理解这一点。

日本的强大，主要在于抓住了两大时代性新技术周期红利，一个是机械制造，另一个是电子。在机械制造领域，其中一个代表产业就是汽车产业。日本就是在汽车产业还未成熟的成长阶段进入，最终形成了全球寡头；韩国时机滞后，韩国的现代汽车规模不小，但是始终进不了第一阵营。但韩国抓住了电子、半导体和通信这一轮的新技术周期红利。韩国的电子产业是很强的，以三星等韩国企业为代表。

从日、韩的崛起历程可以看到：一个国家要发展经济，可以依靠全球产业转移的机遇，但一个国家要真正具备核心竞争力，一定要在时代性、引擎型新技术的萌芽或成长期进入，先发制人，占据产业制高点，形成全球性领先地位，并带动整个产业社会（产业生态）的繁荣和进步。

中国产业目前也面临这样的新局面。其实我们已经抓住了一个新技术周期红利，这个新技术周期红利在一个行业已露出了端倪，在另一个行业已经初步形成了产业竞争力。

已经抓住的是以计算机、互联网技术为核心的时代性技术周期红利。尽管我们在互联网底层技术方面的竞争力不足，但在互联网应用，尤其是移动互联网应用及物联网方面走到了世界前列。以腾讯、阿里、字节跳动、百度等为代表的企业，不仅某些技术在全球领先，而且也在互联网商业模式上表现亮眼。

已露出新技术周期红利端倪的是通信产业，也就是以 5G 技术为核心的产业革命。华为公司的 5G 技术目前领先于全球，5G 不仅仅是 5G，而是 5G 所带来的产业与社会的巨大变化，甚至是革命性的——很多产业会因此而发生改变，会涌现很多新的业务甚至是产业。就像汽车产业兴起时，炼油、钢铁、公路、金融服务、邮递、旅游等产业也就跟着发展起来或产生革命性变化一样。其实，引擎型新技术还有很多，比如，新能源汽车产业。新能源汽车产业是多么大的产业？我看过一个数字，全球汽车产业的总产值约有 23 万亿美元。如果中国企业能在新能源汽车产业占据头部位置，那我们就可以重构这 23 万亿美元的市场，这会带来多少机会？！

已经初步形成产业竞争力的是光伏产业。中国企业基本上已在这个产业中形成了产业竞争力，但是，光伏产业发展才刚刚开始。为什么这么说？因为光伏产业才刚刚迈入平价时代（进入大消费市场）。如果说新能源汽车距离平价时代还是“黎明前的黑暗”，那么于光伏产业而言已经是“天亮了”。平价（尽管日照等条件不同，发电效率不同）意味着什么？意味着光伏产业真正进入了经济驱动时代，而不是依靠补贴，那么，原有的市场空间的边界就被打开了。试想一下，如果光伏实现平价入网，我们能源结构中 80% 左右的化石能源（煤炭、天然气、石油等）可能会被替换掉绝大部分，这是一个多么大的市场！

其他还有生物工程、VR 技术等。在互联网、5G 以及由于 5G 所带来的产业数字化革命、新能源应用、生物工程等方面，我们都是有先发优势机会的。

理解“先发优势”的新技术周期红利意义重大，除了对如何形成“技术强国”的理解，也可以让我们换个角度来理解“制造强国”。“制造强国”就是我们要在机电领域赶超日本和德国吗？其实还有另一种思维角度，在“先发优势”的新领域成为制造强国，除了通信、光伏、新能源汽车等，还有材料、装备、产品制造等领域。如果从这个角度理解，我们成为“制造强国”的难度是不是大大降低？是不是方向的侧重就有了不同？

我讲的这些，其实以前在讲中国经济面临七大红利和中国企业进化路径时都有涉及。可以参考我总结的增长规律模型分析中国产业状态和企业进化路径的图形（见图 1、图 2），其实是一脉相承，在这里不再赘述。

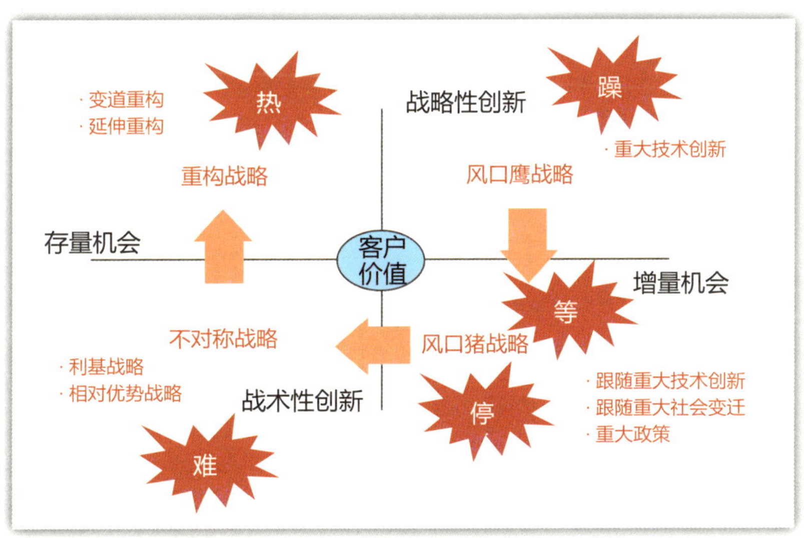

图 1　中国产业状态图

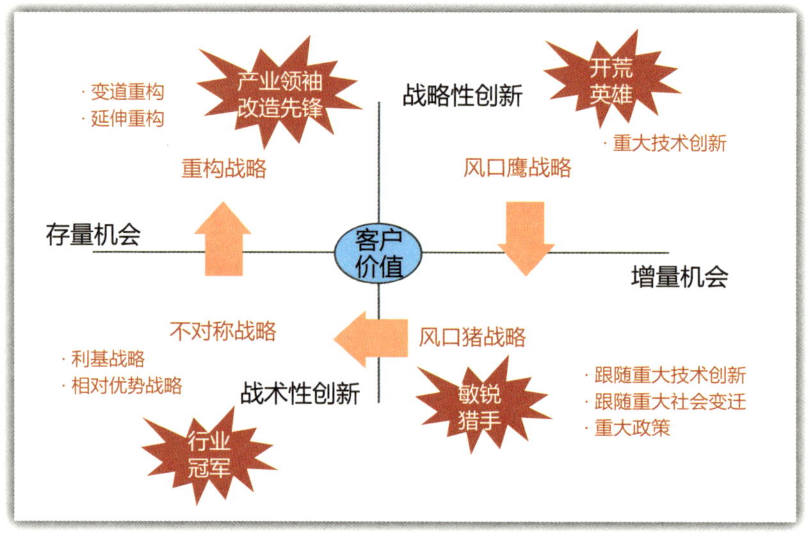

图 2　中国企业进化路径图

二、四大新思维助力二次创业成功

可以说，整个中国也像企业一样，进入了二次创业阶段，基于二次创业的新特点，以及我们在第一次发展机遇期的教训，我们尤其需要重视以下问题。

（一）品牌敬畏意识

过去，我们投机主义的味道浓了些。在新的机遇期，要吸取机会主义的教训，需要有“思考一次成功迈向持续成功”的意识——打造核心竞争力的思维。核心竞争力关键在于四个方面：品牌、技术、系统，还有一个是排他性资源。

为什么把品牌敬畏放在第一位呢？品牌是一个公司竞争力的集中体现，是一个公司方方面面能力的凝结，是长期坚持累积的成果。品牌与品牌推广是两个事情。

怎么理解品牌敬畏呢？举一个例子，互联网时代给中国传统消费行业带来了巨大机会。消费行业最难的是颠覆原有的霸主，难在哪里？第一是品牌，第二是渠道。尤其是品牌，更难以逾越。过去，中国在很多传统消费品领域，靠渠道驱动获得了成功，但往往在品牌这一关，难以逾越。

但是，现在的互联网时代给了中国品牌崛起的机会。因为借助互联网，企业可以更便捷、更广泛、更低成本地跟消费者互动，品牌传播、扩散的速度更快，相较于过去，更低成本、更容易去占领消费者心智。

但很多企业急功近利，在这一时期有“割韭菜”的想法，利用互联网红利，拼命收割，如果我们不树立品牌敬畏意识，就又会错失一个时间窗，赢了生意输了品牌，最终会输掉事业。

举个例子，有网红直销水果，喊出的口号是“从地头到舌头”。这句话没错，但这句话本质上是一句废话。

为什么这么说？因为所有的水果都是“从地头到舌头”，这是第一个问题。第二个问题，真正影响水果品质的环节在哪里？是在地头。水果品质的关键是在地头，同样一棵树上的水果，外圈儿和里圈儿味道不一样，阳面和阴面的味道也不一样。如果不把地头的事情做好，“从地头到舌头”也没有用。所以说，如果不把“地头”的事情管理好，水果品质就保证不了，也做不出真正的品牌。

做个水果销售网红容易，做个水果品牌难。因为品牌的背后是对客户价值的敬畏，是长期积淀形成的能力。

如果没有品牌敬畏意识，没有为客户价值负责的意识，即便红极一时，也是昙花一现，可能是一个赚钱的生意，却形不成有竞争力的事业和组织。

（二）全球产业竞争力意识

中国改革开放已经 40 余年，有全球产业竞争力的企业有几家？ 2016 年，中国有 110 家世界 500 强企业，其中中国内地、中国香港和澳门有 103 家，上榜的 10 家银行总利润占 103 家上榜企业总利润的 55%，每家非银行上榜企业平均利润不到 16 亿美元，低于许多其他国家的企业。2019 年，中国世界 500 强企业数量成为全球第一，有 124 家，美国有 121 家，中国企业平均销售收入和平均净资产都达到了世界 500 强的平均水平，但平均利润只有 36 亿美元，约为美国企业的一半（70 亿美元），也低于上榜企业的整体平均利润 41 亿美元，而且中国上榜的 10 家银行利润占中国大陆上榜企业总利润的 44%，除去银行利润，中国大陆非银行企业利润平均只有近 22 亿美元，约为美国企业的 1/3。

尽管我们发展迅速，但我们一定要认识到，我们真正具备全球产业竞争力，占据了产业制高点的企业是很少的。

在上一个发展阶段，中国企业缺乏全球产业竞争力的意识，主要原因并不在于体制，而在于企业的追求。以前我们讲“劳动致富”，似乎富了就行了，富了之后就不知道干啥了。

现在来讲，越来越多的企业家有追求了，“世界级领先企业”已成为许许多多中国企业的追求，这是一个非常好的局面，中国确确实实需要这样的局面，需要各行各业的“华为”。曾经有人说华为不可学，我一直认为华为是可以学习的，是可以复制的，学习和复制的不是他们的具体招数和风格，而是成为世界级企业的成功逻辑。这也是我一直强调华为可学的背后含义。

现在还有一个新现象，2020 年新冠肺炎疫情以及中美竞争带来的“逆全球化”。一方面，“逆全球化”不是真的“逆”全球化，而是新的全球化；另一方面，在这种“逆全球化”的背景下，恰恰更需要全球产业竞争力，因为未来的世界政经格局，可能会形成不同体系的站队，站队背后就是全球产业竞争力。如果你没有全球产业竞争力，谁给你站队？

（三）产业生态竞争力意识

过去我们经常讲打造产业链竞争力、复合产业链竞争力，复合产业链其实就是产业生态了，用“产业生态”这个概念还是更精准、更丰富一些。

为什么要强调“产业生态竞争力”？所谓产业生态竞争力，有两重含义，一个是我们需要的不仅仅是某个企业的竞争力，而是整个产业生态的竞争力；另一个是在产业格局中，不断提高自己的位势，最终在制高点形成不可替代的优势与壁垒。

举两个例子。比如，给苹果做配套利润空间大，但是给海尔做配套、给美的做配套，甚至给华为做配套，利润空间就显得逼仄。甚至以前，我们是压榨上游企业，压榨供应链，用简单粗暴的方式谋求发展。这背后的本质是什么？还是我们领军企业的竞争力不够强大，不能更有效地带动整个产业生态竞争力的提升，不能更有效地推动整个产业生态的进步。

另外一个例子是，为什么我们在全球供应链市场买什么、什么就贵，卖什么、什么就便宜？也是因为我们的企业在发展时，缺乏产业生态竞争力思维，不在产业链制高点布局，结果受制于人。我们看看日本钢铁业，尽管钢铁在减产，但他们在铁矿资源方面做了大量布局，以及日本企业虽不断放弃组装制造领域，但在材料、装备、核心零部件等制高点领域，形成了不可替代的优势；再比如三星，手机在中国遭遇滑铁卢，但利润未减反增，核心零部件仍具有全球竞争力优势。

中国有志向的头部企业，需要有产业生态竞争力思维，这不仅仅是赋能、推动整个生态企业的繁荣，也是自己生存和发展的需要。

是不是具有产业生态竞争力思维，反映在两个方面：一个是制高点思维——是否在产业生态制高点形成绝对优势与壁垒；另一个是是否为整个产业生态的引擎型企业，通过自己的引领性创新能力和产业生态组织能力，提升整个产业生态的盈利能力。

（四）创新（技术创新）和组织能力建设

我们的企业不能说没有技术创新，也不能说不重视技术创新，其实我们的技术创新还是不错的，但“创业式创新激情”，远远大于“组织持续创新激情”。怎么理解这句话呢？企业可以上市，激发了一个又一个创始团队的创新激情，但一个组织一旦成功之后，从一次成功追求要转向持续成功的追求，如何激发组织持续创新的激情，除了少数企业外，普遍做得不好。

这是一个重大的课题，这个课题的核心就是组织能力建设。

企业的成功，往往都不是设计的，而是敏锐洞察到一个增长机会，然后有了产品和正确的策略，实现了成功，而后忽然觉得可以变成一番事业了，因为最初只是想活下去，活得好就行了。这个时候，要重新定义理想和追求，而理想和追求的核心体现就在于"产业竞争力"。竞争力的结果主要体现在"市场规模、盈利能力"；竞争力的能力主要体现在"品牌、技术、系统和排他性资源"。但产业竞争力如何形成和持续保持？组织能力！组织能力包括人才梯队、管理机制、组织体系和企业文化。如何理解组织能力这四大构件呢？通俗来讲，所有事情都是人做的，所以，首要的是人，并形成梯队——人才梯队；人来之后要有动力干活——管理机制；并且是在一个高效的平台干活——组织体系（组织体系包括结构、流程、方法论、知识管理），比如说干部管理体系，财务核算体系，IPD 体系，等等，要形成套路；最后这些经营管理都是按照或者反映一定的指导思想和原则——企业文化（见图 3）。

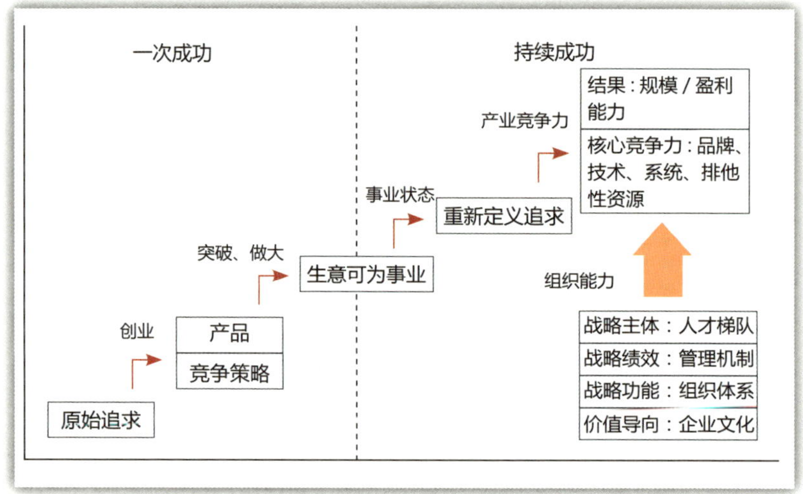

图 3 企业发展的一般规律

举一个例子。假设一个企业技术很牛，技术是它的核心竞争力，那么，试问如果没有技术人才能不能够形成人才的竞争力地位（人才梯队）？如果这些技术人才没有动力，没有激情去创新，能不能形成技术的竞争力地位（管理机制）？如果技术的创新不形成一个套路，形成体系化，今天这么干，明天那么干，乱七八糟，不能形成一种沉淀，技术竞争力地位能不能保持（组织体系）？很显然是不行的。那么，我们选人、管理机制建设、组织体系建设的导向和原则是什么？我们技术本身是否以基于创造客户价值和领先为导向——这就是企业文化。所以我说核心竞争力是一辆车的性能，但组织能力是造车的能力，是一个企业底层的能力（见图 4）。

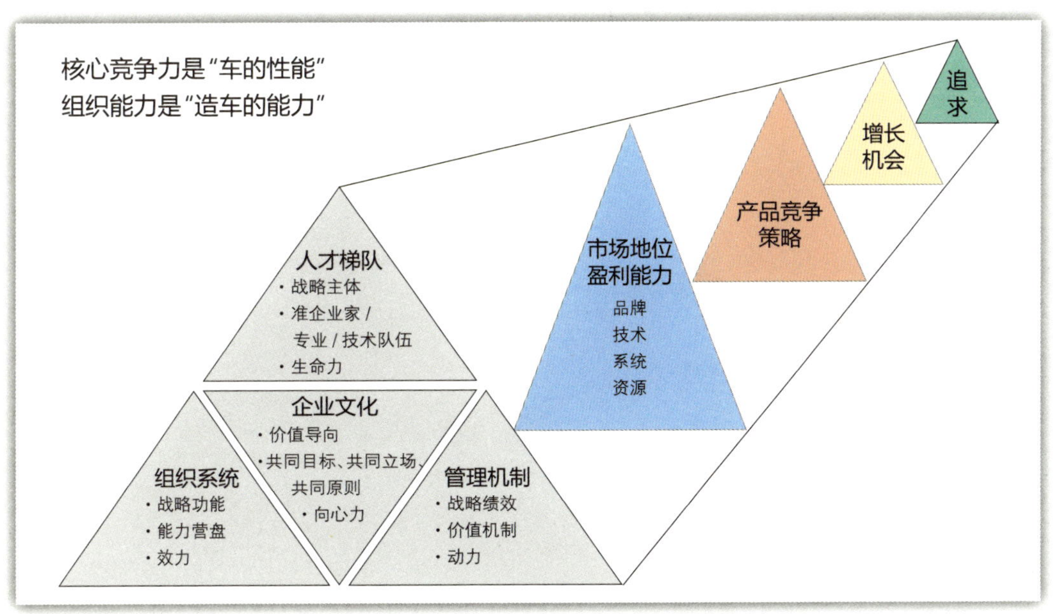

图 4　组织能力在整体经营框架中的作用

底层能力建设需要扎扎实实地坚持去做，需要遵循常识和基本规律，永远是逗号。如果有人说有“神招儿”，能帮一个企业迅速建立起组织能力，一劳永逸，那一定是骗人的。因此，组织能力建设需要格局，尤其是企业家的格局。

最后，如果用一句话来总结中国企业新成长：新格局就意味着新成长机会，但需要新思维——品牌敬畏意识、全球产业竞争力意识、产业生态竞争力意识、创新（技术创新）和组织能力建设，更重要的是常识性坚守——“拓荒牛 + 老黄牛 = 牛年更牛”！一切伟大来自创新、认真、坚持、做透！

（本文图片均由作者提供）

2021，中国企业需刷新六大认知

作为管理顾问，我们的使命是做中国企业家的同路人，保持和企业家的共情能力是对我们的基本要求。在中国做企业不容易，大多数企业家的起点都不高，没有接受过系统的管理学教育，都是在摸爬滚打中练出来的。他们的认知也是在与外部环境的互动中逐渐提高的。要和企业家们同步认知，需要跟进那些对企业家有触动的重大事件，然后和企业家们去讨论，才能帮助企业家跟上外部环境的变化，也让我们自己的认知和企业家们同步。

在这里，针对2021年中国企业界可能会发生哪些变化，我分享一下自己的观察与分析。

苗兆光

一、适应不确定环境，在结构调整中寻找机会

“不确定”这个词已经被喊了很多年，但过去听起来都像是吓唬人的，没有多少企业真正建立起与不确定环境相适应的组织结构、文化和资源配置方式。新冠肺炎疫情让企业管理者们真正感受到了不确定性的存在。过去一年，我们看到一批应变能力强的、名不见经传的企业在疫情中崛起，也看到另一批应变缓慢的企业在疫情中沉寂。

2021 年把世界环境引向不确定的两个大变量仍然是新冠肺炎疫情和中美关系。世界应对“新冠”的战争以及病毒的进化仍然充满了变数，中美之间的博弈也会极大影响世界政治经济环境。

对企业来说，恐惧和抱怨毫无意义。企业的使命从来就是“资源跟着机会走，能力跟着变化走”。2021 年企业应该紧盯两类机会。

一是不确定环境带来的新机会。2020 年，中国企业在不确定机会方面有了成功实践。疫情带来了很多机会，比如我的两个客户。一个是做软件的，这个企业上市后达到 1000 亿元的市值。为什么它能做起来？因为疫情一出现，它就推出了 5G 售楼处，把售楼处从线下搬到了线上，而且体验效果不错。另一个是做视频的，疫情来的时候它也看到了机会，红外线测体温的装备，每个楼、每个机构都装，他们的产品迅速做出来了。至于最后没能取得相应的业绩，主要是面对突如其来的机会，企业需要全资源响应，采购、制造、研发、市场……要一股脑儿全响应，而这家企业除了研发，其他环节没有被充分动员。

今后，不确定性对企业来讲可能是一种常态。如果企业原来的组织结构不是按照应对不确定性来配置资源的话，那么，现在起就要开始建立这种能力——在遇到不确定的机会时，让企业的组织迅速地以全资源来应对和响应。

> 2021年企业应该紧盯两类机会：一是不确定环境带来的新机会；二是结构调整带来的机会。

应对不确定性的机制到底怎么设计？跟着疫情走过来的企业，有的是在一年当中起起伏伏做大的，有的是走完一年慢慢变成独立业务的，可见机制其实也很难提前设计。所以，关键是背后的文化。有的企业能保持快速响应，能随着机会点的来临快速重新调整资源，其实背后是文化的因素。

我认为，无论是面对不确定的环境，还是面对新业务的培育，我们都要围绕着这样一个命题，去研究组织怎么搭建、机制怎么设计、文化怎么重塑。将来，这些问题可能是我们的一个关键机会点。

二是结构调整带来的机会。企业要在结构调整当中寻找机会。从2020年开始，大形势跟以前不一样了。以前中国企业面临的大环境是大系统的增长，你只要跟着做并且别做错，找到机会点，你就能增长；现在，大环境是全球增长停滞、全国的大系统增长放缓，这时，机会一定存在于结构中，而且结构对冲的机会特别大。

2020年的新冠肺炎疫情，美国与中国的纠纷，包括国内提出的双循环且以内循环为主的新发展格局……都是在调整结构，结构里的机会其实是巨大的。特别是中美对抗局势下，两国都在讲产业安全，要把对方产业链中的核心企业挤出去。其实这跟我们的大多数企业关系不大。因为我们大多数企业做的事情都在产业链低端，美国不会制裁你，反而可能有新机会。为什么？美国制裁的中国企业都是那些“大个儿”，与此同时，中国也在制裁美国企业，中国一制裁，美国企业就让出了很多机会。所以，结构性机会还是巨大的。比如，为了刺激新消费，国家在控制一些行业的同时，也在鼓励另一些行业，这些行业的结构性机会都特别大。

令人感到可惜的是，目前为止，在出现这种结构性机会的时候，很多企业是手足无措的。组织结构怎么调整？原来无论是采用事业部制，还是采用矩阵制，都很难围绕着一个新机会去重构资源和机制。也就是说，在面临一个不确定机会的时候，很多企业根本不知道这个机会有多大，也不知道这是一个短期机会还是一个能变成新业务的长期机会。

二、正视“公司姓公”的现实

企业从小到大的成长过程，是从私有性质向公有性质转化的过程。公司“姓公”，要先公后私，简单地说，要在符合社会大众利益的基础上谋企业的利益。

对我触动比较大的事件是蚂蚁金服暂停上市。蚂蚁金服暂停上市的过程，让我想到了德鲁克在书中讲到的 AT&T（美国电话电报公司）的故事。

AT&T 早期做电信行业，天然形成垄断。德鲁克给 AT&T 的 CEO 提了一个意见，大意是：你形成垄断以后，躺着也能赚钱，这个时候，公司就失去了创新的动力。如果你没有创新的动力，你就牺牲了顾客的长远利益，这是很危险的，你这个组织必须在内部建立创新的机制。如果你不建立这个机制，迟早有一天，你这个企业会出事。当时，AT&T 的 CEO 没说话。后来，果不其然，美国政府就出手了，把它拆成 8 个企业，包括 1 个长途公司和 7 个小区域性的公司。

企业由小到大的过程，其实就是一个由私到公，由“个人的企业”到“大家的、社会的企业”的过程。一开始很小，就是围绕着老板赚钱，企业内部就是老板的附庸；再大的时候，就变成企业，收益必须拿出来向员工、相关利益共同体开放；再大就成了巨型企业，这时，企业主必须守好企业边界，不能冲撞社会的利益，一旦冲撞社会利益，代表社会利益的政府肯定会对企业出手。

未来几年，中国的巨型企业，必须直面“公司姓公”的问题，围绕着“公司姓公，先公后私”来进行改造，确定企业利益的合理边界，以不损害社会利益为前提，满足社会对企业的期待。

三、重新定义员工关系

2020 年，关于员工和企业内部的冲突事件变成公共事件的情况明显增多。有发生在大企业的骑手被撞、过劳猝死、251 事件，发生在中小企业的奔丧假，等等。过去通常不被关注的企业劳资事件，现在很容易演化为公共事件。这背后隐含着一个变化：人们对工作和生活的态度正在发生变化，劳资力量对比也在发生变化。

> 企业由小到大的过程，其实就是一个由私到公的过程。

2008 年新的《劳动合同法》出台以后，有些企业的观念并没有跟上，认为企业即便“剥削”员工，员工也只能睁一只眼闭一只眼。而从 2020 年开始，企业跟员工的关系不仅体现在法律领域，也进入了伦理领域，企业应该以合乎伦理的方式去对待员工。

过往，无论我们推了多少产品，社会上多少呼吁，企业跟员工之间的关系还是上位和下位的关系，企业要求员工怎么干，员工就怎么干，把员工当工具。不管理念谈得多好，不管“共享、尊重”的口号宣传得多密集，其实都是手段，就是要把人忽悠起来干活，达到自己的目标。过去多年中，这种逻辑在企业中一直被使用，企业在认知上并没有改变。

我认为，2020 年应该是一个拐点。认知应该怎么改变？我在 2020 年开发了一个课件叫“唤起员工的责任感”。其中一个命题是“让员工愿意对企业承担责任，企业应该怎么对待员工？”我研究了一些激励理论，提出了“五极激励模型”，从讲课的反馈来看，效果还可以。总的来说，是要重构企业跟员工的关系。

四、重新认识增长方式，从资源、资本驱动到价值驱动

企业需要重新认识增长方式。过去若干年冒尖的企业，基本上都是资源推动型的企业，它们的增长逻辑是：用资本直接砸上去，用过度的成本带来极致的体验，用不赚钱砸出好体验，然后迅速拉升规模，用规模把竞争对手拦截在外，形成垄断后，

再通过掠夺消费者价值的方式形成闭环。

典型的互联网公司就是上述资本推动的逻辑。比如瑞幸，扩张模式、价格促销的力度、链接的模式，在体验和运营上显然是砸得不错的。但它在资本的闭环上很难形成，没办法达到一个规模使得它突破盈亏平衡点，出现了“瑞幸财务造假”事件。至今，瑞幸能否在收入结构里打平成本起死回生，仍然是存疑的。

原来，资本市场不透明，资本砸的是一些局部环节。今后，公司上市注册制的实施，让企业获得资本变得没那么难。这时，限制企业增长的不再是资金，而是来源企业对价值的定义，来源企业的商业模式的成功。从这个意义上来讲，现在大一点的企业想上市，就要围绕价值创造去创新，聚力“效率的改进、痛点的解决、需求的开发”这三个抓手，驱动企业增长。

五、创新和技术的投入从流通领域转向产品研发领域和生产领域

过去若干年，中国企业在创新和技术上的投入还是挺多的，但是“大个儿”企业多数在流通领域，在跟顾客贴近的产业环节里建立起优势以后，他们就倒逼、整合供应链，推动供应链中上游的变革。这种模式到目前为止屡试不爽，很多企业成功了，但危害也随之而来，让上游——研发领域、供应链领域特别难受。现在中西方对抗，美国对中国的制裁，恰恰是在制造领域、研发领域卡了中国企业的脖子。

企业想上市，就要围绕价值创造去创新，聚力‘效率的改进、痛点的解决、需求的开发’这三个抓手，驱动企业增长。

现在的大形势是提倡经济内循环，内循环的本质是刺激国内消费市场，着眼点是提高居民的消费意愿，即在挣 1 元钱后能产生比没挣这 1 元钱时更多的消费意愿。对于内循环，国家方向肯

定在两处：第一，让穷人挣钱，穷人挣了钱，多数用在消费上了。为什么不是让有钱人挣更多钱呢？因为有钱人挣了钱不花，没有消费意愿。第二，扶贫，实质还是让低收入阶层有更多的可消费资金和意愿。这有可能是中国的一个变革方向。

多年前，发达国家到达中国当前的经济水平的时候，多数企业面临的难题是劳动力成本急剧升高的问题，于是企业开始做技术改造、开始“省人化”。但是中国一直没有这个问题，到餐饮企业看看，1 个门店配置 80 个服务员，还是劳动密集型。为什么？因为中国存在着庞大的低收入群体。如果国家真的要刺激消费，就一定要提高这个阶层的收入。这样一来，对中国企业在制造端的成本增加可能是一个大问题。那么，制造领域的创新、数智化要从三个方面解决问题：第一，通过产品环节创新，刺激新消费，比如美的公布要提高产品的智能化；第二，围绕零售链的畅通，做数智化的信息打通；第三，制造领域走“少人化”、精密制造之路，有效降低成本。

六、长期价值主义

疫情带来机会的时候，哪些企业冒出来了？哪些企业没冒出来？

冒出来的企业有其必然性，因其具备长期价值这个能力。深圳有一家基因公司是这次疫情里获益较多的企业，营业收入从 2019 年的 20 多亿元增长到 2020 年的 80 亿元，一下子就起来了。为什么它能获益这么多？为什么在行业洗牌时它却能起来？

2020 年年初武汉一发生疫情，很少有企业领导直接跑到第一线去的，这家企业的董事长却有一种济世情怀，他第一时间就跑到武汉，先看遇到了什么难题。当时，抗疫遇到的最难的问题是检测能力不够，不仅仅是检测试剂、仪器不够，重点是实验室不够。所以，这家企业能够迅速把它的产品进行破界、整合，做出了移动实验室。然后把整个实验室打包出售，政府直接把实验室往街头一放就可以做检测了。这样一来，短期内就把检测能力提上去了。

反观这个行业，那些没有冒出头的企业，大部分是产品型公司，即找到一个细分市场，然后把这个产品做好，再去卖钱。当疫情这种大的变化到来时，这些企业的经营局限性就显现出来了，没有能力响应机会。

从以短期经营为导向到以长期价值主义为导向，2021 年可能是个真正的拐点。

那么长期价值主义的抓手是什么？我认为抓手主要有三个：一是价值观，一个企业应该在哪些地方长期守住价值观？企业跟员工之间的关系、跟社会之间的关系、跟客户之间的关系，这些价值原则到底是什么？企业必须守住价值观，从长计议去打磨、去积累。二是组织能力，凡是涉及能力的都是长期工程。三是管理，华为的成功本质上是把管理这门技术做到了极致，做任何事，总能想到一、二、三、四点，总能管住“行的地方”和“不行的地方”，总能在计划的时间里说到做到。企业基于长期价值，要不断提升管理素养。

回归常识和管理基本功

彭剑锋：一位董事长给我打电话说，你们华夏基石总说要回归常识，尊重常识。常识到底是什么？我说常识有两种：一是代表规律性的东西，是不可逆转的；二是千百年来形成的习俗，已经形成的东西是很难改变的。做企业管理，常识就是成本、质量、交付，等等。基本工具是常识，讲信用是常识，回归客户价值是常识，不把客户当傻瓜是常识……一些互联网企业现在为什么遇到问题？就是因为没有回归到客户价值，没有回归到做商业的本质。比如，做金融不能过度搞杠杆，不能搞高利贷，这是金融行业千百年来的常识，只要杠杆过高一定出问题，只要搞高利贷一定是违背金融行业的常识。金融企业要把这两个常识当成真理，如果破坏了这两个常识，就把行业价值全破坏掉了。这就是常识。

尚艳玲：我们讨论的虽然是新格局，新能力，新成长，但其实还是要讲成长的常识、能力的本质。

彭剑锋：常识是最容易做到的，也是最难做到的，说起来容易做起来难。大家都认可的东西，其实是最难做到的东西。要尊重常识，尤其是当一个人成功了以后，让他尊重常识是很难的。

夏惊鸣：国家禁止那些巨头企业布局社区生鲜，这就是要企业重新思考企业的边界与社会责任，回归价值，就是要回归到以客户价值为中心的价值创造，比如不能没有边界地收集消费者信息，侵犯消费者隐私。

苗兆光：2020 年对历史进程的影响是前所未有的，以前我们都这么谈，但在这一年都成了实质性的变化，这个变化是巨大的、深层次的。在这个变化下，我有个认识，就是我们要呼吁企业回归管理的基本功，回归管理的常识。《华夏基石管理评论》第五十六辑组织我们谈了长期主义，我认为，企业先不用把利润调得那么高，一定要把企业资金投入到基本的、长期的能力上来，这是长期主义的本质。长期能力建设就要求回到基本功上来，从管理者的基本功、必修课入手，教企业踢正步，帮企业扎马步。

尚艳玲：夏老师这几年一直在讲经营和管理的本质，苗老师总在强调回到规律、回到常识，我们开玩笑说可以给二位老师贴个标签了，“夏本质”“苗规律”。我个人认为他们强调的价值主张也代表了华夏基石的价值主张，就是提倡企业要以长期价值主义，认识经营管理本质，回到基本功建设上来构建企业的长期能力。

管理洞见

CHINA STONE

数字技术进步会是数字经济时代商业环境的扰动因素，同样也会是数字经济时代企业利润的主要来源。总之，企业没有数字技术创新，就没有未来。

——张百舸

构建数字时代的护城河：永不休止的技术创新与组织进化

■ 作者 | 张百舸 华夏基石管理咨询集团副总裁
华夏基石集团企业数字化战略转型中心总经理

2020 年 5 月 30 日，湖畔大学开学第一天，围绕着“当下环境高度不确定，企业应该继续扩张还是优先盈利？”学员们争论不休，没有定论。复星集团董事长郭广昌认为，扩张还是盈利，不取决于今天的决定，而取决于昨天做了什么准备，可以归纳为：“现在的努力决定未来的成功”。阿里巴巴创始人马云则希望企业把握不确定性，在不确定性中寻找确定性，可以认为他的主张是：“跟着未来走”，以未来观照现在。

虽然出发点有所不同，但两位都点明数字经济时代最显著的特征——不确定性。这事实上也已经成为中国企业界的一种共识：不确定性增大的商业新环境已成为中国企业要直面的“新常态”。

不确定性并不总是意味着风险，它也意味着机遇。经济学家富兰·H. 奈特（Frank H.Knight）认为，不确定性假设是企业存在及发展的基础，即企业现在的经营过程都是由预见未来的行动构成的，而未来总是存在不确定性，他甚至认为：企业的利润其实正是来自不确定性假设。另一位现代产权经济学创始人阿门·阿尔钦（Armen Albert Alchian）也肯定了不确定性假设对企业的积极作用：它会引致企业采取不断感知适应环境的一系列行为，从而引导企业的创新进化，不过他不认同不确定性假设下企业追求利润最大化。

这一观点符合数字化时代的价值主张：企业只有追求价值最大化而非利润最大化才能真正成为时间的朋友。正如南钢集团董事长黄一新所言“产业互联网时代，企业不以短期利润最大化为目标，而以长期价值最大化为目标”的观点是一致的。利润（或者净资产收益率）是一个短期的概念，价值是一个长期的概念。

不确定性越大，企业的机会价值就越大，这似乎是部分经济学家的共识。但在这之前，我们需要深入理解究竟有哪些影响不确定性的因素，才能洞见与把握不确定性中的机会价值。

一、数字经济时代的风险与机会来源：大数据技术

（一）企业面临最大的不确定性将是数字化技术进步

美国著名的经济学家 J.B. 克拉克认为，人口增长、新的资本积累、技术进步、商业组织方法的改进、新需求的培育这五类社会进步因素导致了企业商业环境的不确定性。

结合对微观经济的观察分析，笔者认为：以数字技术、智能技术为核心的第四次工业革命即将全面开启之际，企业面临最大的不确定性就是数字化技术进步。数字化技术进步的核心是大数据技术，其带来的不确定性不仅表现在会带来企业生产效率及其组织方式的大幅改变，最重要的是产品实现方式或路

径的重大改变，会让企业思考真正的“产品”需求是什么，会引发企业不得不投入产品性技术创新。

为什么说大数据技术是数字经济时代不确定性商业环境的重要扰动因素？

笔者认为，数字经济时代的数字化产品或服务有一个基本定义等式：数据 + 算法 = 服务（产品），其核心内涵如下。

(1) 数据源于用户场景分析的结果，即结构化的、产品化的数据，而非用户场景数字的简单整理。数据是时间、场景的函数，是一个永不停歇的变量。

(2) 算法类似于企业的投入产出的生产函数，是一种过程技术，但这个函数实际上有一个迭代进化的过程，依赖于数据量（质量和数量），“离开数据量，再出色的数学工程师也设计不出更科学的算法模型”（李开复）。

(3) 大数据技术会推动企业产品或服务的不断迭代进化，但很难预测未来的产品或服务是什么样子。这也是为什么 IBM、华为、阿里巴巴等科技巨头热衷于工业云业务投入的原因——不知道会给工业用户带来什么变化，但一定会带来积极的变化。IBM 战略聚焦于混合云和 AI 平台，打造三大能力：技术能力、生态能力和服务能力，其核心就是聚焦数字化技术应用。

> 数字技术进步会是数字经济时代商业环境不确定性的主要扰动因素，同样也会是数字经济时代企业利润的主要来源。

熊彼特认为存在一种“破坏性创造风暴”，即新技术会消灭广泛存在于经济中的某种商业和工业。“破坏性创造风暴”往往发生在工业革命时期。由此可以预见，在第四次工业革命开启之际，数字技术将给大多数传统产业带来颠覆性改变。

（二）数字经济时代企业最大的机遇将来自数字技术进步

数字技术进步会是数字经济时代商业环境不确定性的主要扰动因素，同样也会是数字经济时代企业利润的主要来源。可以说，数字经济时代，没有技术创新，企业就没有未来，尤其对于生产性实体企业而言更是如此，这也是南钢董事长黄一新博士提出要把南钢从一家传统的钢铁冶炼企业打造成为一家科技创新型企业的原因。

从经济的角度来看，技术的本质是产品化，因为技术的表现形式或者实现载体还是产品（服务），技术与产品就是一对孪生体，密不可分。所以，我在给数字技术型企业提供战略管理咨询过程中常提醒客户要坚持"技术致远、产品制胜"的技术产品战略理念。

数字经济时代，国家间竞争的实质是科技创新能力的比拼。特朗普政府对中国科技型企业的制裁事件，让中国企业家和政府官员意识到一个严峻的现实：技术落后就要挨打！ 未来国际贸易可能不完全遵从传统的资源禀赋优势理论，而是技术巨头背后主导的产业分工协商结果，很难想象没有科技巨头参与的国际贸易谈判会达成实质共识。

数字经济时代，决定市场规模的是场景数量，而中国是一个世界制造大国，有着明显的场景优势，但如何将场景优势转化为技术优势，如何由场景大国转化为技术强国？这是政府和企业都需要思考的一项重大战略命题，笔者认为，道路只有一条：生产性技术创新。从国家层面来说，亟待构建一个面向数字经济时代的国家科技创新管理体系，这是一项系统工程，需要全面的顶层设计，持续的工作推动。

对企业来说，既要制订技术创新战略，又要**减少技术创新带来的不确定性风险**。如何减少？经济学家奈特给出两个答案。

一是通过整合、概率归类来减少不确定性。也就是说，企业可能不再"小而美""大而弱"，富可敌国的"巨无霸"企业将会再次显现。奈特也没有说清企业规模扩张方向是纵向一体化还是横向一体化，笔者则认为这主要取决于企业技术创新的实质内涵是什么，纵向一体化有助于降低供应链风险，横向一体化有助于降低投资风险。对于实施纵向一体化组织扩张战略的企业而言，我的建议是绝不要因为轻资产化而放弃智能制造环节（也可以用仿真工厂替代），因为这是算法技术的核心，也是技术迭代进化的关键，更是技术创新风险之所在。

二是通过专业化才能来减少不确定性。就是说要选择那些具备企业家才能的、乐于承担风险的经营人员来减少不确定性。不确定性大多与人的判断或者预测能力有关，企业家显然比普通经营管理者更了解企业所面对的风险问题，或者说企业家的产业洞察能力显然更胜一筹。企业家这种卓越的产业预测能力以及将之转化为企业内部经营执行力的专业化才能也是一种重要的领导力。领导力是人类最神秘和最重要的天赋，企业家对未来的预测能力不仅来自领导力，也来自专业知识积累。

二、数字经济时代商业环境的七大特征

数字化技术将深刻改变我们的经济和社会，也会颠覆我们对企业经营管理的认知。笔者研究认为，数字经济时代商业环境将会不同于工业经济时代，具体而言将呈现出以下七大特征。

（一）垄断经济越发明显

尤其到产业互联网时代，以技术创新见长的“巨无霸”企业集团将会诞生，未来一个产业将仅仅有 1 ~ 3 家企业存在，有可能以资本为纽带的大型生态化技术巨头企业将主导整个产业。规模是企业生存的必要条件，市场地位攸关企业存亡，就像耐克的广告语“不是你得到了银牌，而是你失去了金牌”。笔者认为，数字经济时代企业战略管理的重点是增长速度。

当然，垄断经济会给政府监管带来巨大挑战，因为数字经济时代的垄断，尤其是产业互联网时代的企业垄断通常指

技术垄断。企业毕竟是“经济动物”，失去监管的企业难免会做出科技向恶的行为，如近期加拿大新闻媒体协会（NMC）针对美国谷歌、脸书等科技巨头发起的“开天窗”运动，以抗议互联网巨头不愿向提供新闻内容的媒体付费，这从一个侧面也说明科技垄断巨头有可能凭借其技术平台优势表现出某种霸凌行径。

（二）技术专注取代业务聚焦

传统工业经济时代，我们谈及企业战略，经常会谈到业务聚焦、主业辅业、聚焦“主航道”等概念，业务指企业产品（服务），聚焦指某个产业市场。数字经济时代，业务聚焦的战略思想显然过时了。我在《BPM——一种有效的数字化战略管理工具》一文中曾详述了理由。

‘业务聚焦’概念最早源于迈克尔·波特，但其前提是假设产业是有边界的、静态的，没有加入时间轴。

“业务聚焦”概念最早源于迈克尔·波特，但其前提是假设产业是有边界的、静态的，没有加入时间轴。数字技术正在或即将颠覆许多传统的产业边界。如果企业还要谈聚焦战略，那就是技术专注，聚焦不再是我们传统认知的市场，而是场景，或者称之为垂直行业。华为 2020 年新发布的使命愿景的表述中弱化了产业概念，但强化了（物联网）技术概念。

（三）满足需求转向管理需求

如果说传统工业经济时代企业战略核心是销售和产品，数字经济时代企业将更强调场景战略。这里引用南钢董事长黄一新博士的原话：“谁能找到或设计出解决客户显在或潜在痛点的、让用户使用价值最大化或者效用最大化的应用场景，谁就能获得竞争优势。”

为什么？因为在产品技术专业知识方面，客户与企业一直存在明显的信息不对称，产品实现的技术路径或许有多种，客户不同的使用行为（场景）也会带来不同的效用结果。换言之，客户效用函数中应该包含场景变量。笔者 2017 年曾撰文指出，企业战略管理的一个重要维度就是企业技术产品对客户行为可塑性影响度评估，场景战略的核心是管理需求。

（四）“跨界打劫”现象频现

并没有工程技术背景的马斯克在造电动车、造火箭；白色家电巨头格力开始造机床；手机业务起家的小米涉足黑色家电行业；阿里巴巴要做服装；华为的“南泥湾计划”，宣告华为将涉足煤炭、钢铁、音乐、智慧屏、PC 电脑、平板灯各个领域，被戏称为“从上山挖矿到下乡养猪”都干了。科技巨头纷纷进军传统产业，传统产业的格局正在被打乱，残留在人们脑海中的产业壁垒被轻易打破，一时间让人目不暇接。这种现象未来一段时间会常态化，直到新的产业格局形成。但为什么是科技创新企业在“跨界打劫”？笔者认为背后逻辑就是数字经济时代技术 + 场景的商业模式。

（五）工业实体经济由 to B 走向 to C

消费互联网时代强调人人经济，以工业实体制造为主的产业互联网时代强调场景经济，实际上就是用户经济。比如工业机床制造企业以前面对的客户可能是某家生产型企业，但产业互联网时代企业需要了解使用机床的最终用户是谁。能描绘出技术操作场景画像即场景设计，而产品最终要实现用户效用最大化。

（六）从产品营销到技术营销

传统工业经济时代，企业营销的焦点是产品营销，因为不同企业在系统性工艺制造技术方面，或者说在生产性供应链技术方面存在差异，从而衍生了不同的产品营销模式。但随着智能制造的普及，硬件产品质量和制造成本逐渐趋同，产品定义也会随之改变，价值型产品将会取代功能型产品，企业之间的竞争将转为技术竞争，因此技术营销将成为主流。像 IBM 近年有关企业混合云产品营销模式就是典型的技术营销。IBM 不是通过产品宣传，而是通过技术普及，借助场景实践，告诉客户我们有什么技术、技术如何帮助你以及技术如何为你创造价值，等等。

（七）高端智能制造越发重要

传统工业经济时代，因为存在人口红利，加之轻资产化投资战略考量，许多全球化科技巨头企业放弃了工业制造环节，尤其是部分企业家受“微笑曲线”产业价值链分工思想影响，专注于技术研发和产品营销。但近期弥漫全球的“汽车芯片”恐慌和前期的华为手机芯片事件，让台积电、联发科等一些传统 OEM 厂商突然备受瞩目。这也让未来全球化技术垄断巨头不得不重新思考全球价值链（GVC）问题：过度全球化必然会导致供应链的脆弱性。笔者认为，对于全球化企业而言，人才、市场可以全球化，但供应链全球化需要审慎，尤其是关键制造环节尽可能不要全球化。

> 消费互联网时代强调人人经济，以工业实体制造为主的产业互联网时代强调场景经济，实际上就是用户经济。

总结而言，以实体制造为特征的产业互联网时代即将来临，数字技术不仅在改变着我们的生活，也在颠覆企业传统的经营管理思想，但毫无疑问，技术创新是企业发展的主线。

三、数字经济时代企业技术创新的本质：产品技术创新

（一）技术与产品的本质

在谈论数字经济时代如何构建产品技术创新体系之前，我们需要先简要剖析一下数字经济时代，企业技术和产品的内涵发生了哪些改变？

技术的本质是什么？复杂经济学创始人布莱恩·阿瑟（Brian Arthur）认为新技术发明有两种模式：一是肇始于链条的一端，

源于一个给定目的或需求，然后发现一个可以实现的原理；二是发轫于链条的另一端，从一个现象或效应开始，然后逐步嵌入一些如何使用它的原理。

笔者简单归类，认为技术可分为两大类：第一类源于自然现象。技术核心是探究自然界的本质，“透过现象揭示本质”，譬如“为什么蜘蛛丝有弹性”“鲨鱼皮为什么遇水阻力小”，等等。借用算法技术，寻找因果关系，层层剥茧，找到事物之间的逻辑关系。第二类源于人类需求。人类的需求产生了机会利基，机会利基的出现召唤新技术的出现。本文所讲的技术就是指这类技术，笔者将其定义为产品技术或场景技术。**产品技术的本质就是找到实现用户使用价值或效用最大化的方案或手段，也可简单定义为基于用户使用价值的场景化实现技术。**

产品的本质是什么？传统经济学有一个假设就是效用最大化，而产品只是中介，强调满足需求，但这仍然是典型的卖方思维，经济学家似乎不屑研究产品真正的内涵。管理学者通常将产品分为五个层次：核心利益、基本产品、期望产品、增值产品、潜在产品，但管理学者仅仅从其功能属性方面展开，没有说清楚产品与效用之间的逻辑关系。

德鲁克第一个提出产品最核心的功能属性就是使用价值，这比较接近数字经济时代关于产品的本质内涵。因为这就是场景的概念，发现场景就是发现客户的使用价值，偏离用户场景需求或者找不到用户场景的技术创新显然是在浪费资源。

（二）数字化产品技术=OT（运营技术）+IT（信息技术）+DT（场景技术）

这个公式说明，数字化产品技术既不是传统意义上的产品研发技术，也不是工艺装备技术，而是浑然一体的技术体系。产品技术有别于生产技术，生产技术着眼于生产效率改善，前者包含后者。

(1) 运营技术。数字化产品技术为什么要强调运营技术？运营技术实际上就是工艺装备技术，像中国有些科技巨头可以设计出芯片，但制造不出芯片，这就是运营技术问题，也是目前中国实体制造企业之殇。中国有大量进口的自动化装备，但真正懂得先进装备运行机理的工程师则十分匮乏。另外，运营技术也是技术产品迭代的关键。

(2) 场景技术。指用数字化描述用户使用价值的技术。笔者曾撰文指出，未来“场景工程师”将是炙手可热的职业，正是因为“场景”与“用户”是对应的，用户经济必将催生场景技术。“用户”是数字经济时代特指的概念，尤其对于工业消费品制造型企业而言，满足的不仅仅是合同关系的客户或者消费者，而是真正的用户、使用者。

(3) 信息技术。信息技术指企业如何与客户（不是用户）实现交易黏性的技术，也是我们常说的软件技术。数字经济时代，产品已由功能性产品转换为价值性产品，“硬件软件化，软件硬件化”似乎已成为数字经济时代产品的突出特征。如特斯拉研发工程师队伍中约 50% 为软件工程师，华为要求新入职工程师必须在实习期间掌握基本的软件开发语言。实际上软件开发的门槛已经越来越低，西门子已经在推广低代码或无代码软件开发技术。信息技术与客户黏性存在正相关。

笔者之所以提出数字化技术产品的概念，就是想强调数字技术时代,技术与产品密不可分，是一对如影随形的“孪生兄弟”，所以我常说“技术致远、产品制胜”，有产品无技术的企业无法实现长期价值最大化，有技术无产品的企业无法实现短期利润最大化。

四、数字经济时代的技术创新组织：智慧生命组织

数字经济时代，企业核心竞争力主要体现在产品技术专长方面，实体型头部企业都会呈现出技术垄断特征。按照笔者对数字化产品技术的定义，即数字化产品技术 = 运营技术 + 信息

技术 + 场景技术，说明企业的产品技术不是一成不变的，而是动态进化的。组织支撑战略，换言之，**数字经济时代，企业的技术创新组织要具备自我迭代进化的功能**。

如何去创建一个具有自我迭代进化功能的组织？受企业家的思想启发，笔者尝试提出一种观点：**构建适应性智慧生命组织**。

这种观点其实是南钢董事长黄一新博士的组织思想，他认为“产业互联网时代实体制造型企业组织实则就是一种智慧生命体”，一方面通过数字化技术改造让实体制造型企业具有自适应、自进化特征，另一方面通过数智化组织中台建设让组织更有“力量”。

按照达尔文的有关适者生存的生物进化论思想，作为一个生命体，适应环境是唯一生存进化之道。那么对于企业技术创新组织而言，适应什么以及如何适应，就是组织设计的核心命题。

首先回答适应什么的问题。企业当然要适应不确定性商业环境，数字经济时代的最大不确定性来自技术尤其是产品技术，而产品技术的不确定性又来自场景，场景域（集合）就构成了某个垂直行业，技术嫁接而成的垂直行业的出现势必会颠覆传统工业经济时代的产业格局。因此，数字经济时代，适应环境就是适应或者感知场景，唯有如此，产品技术才能展现强大的生命竞争力。

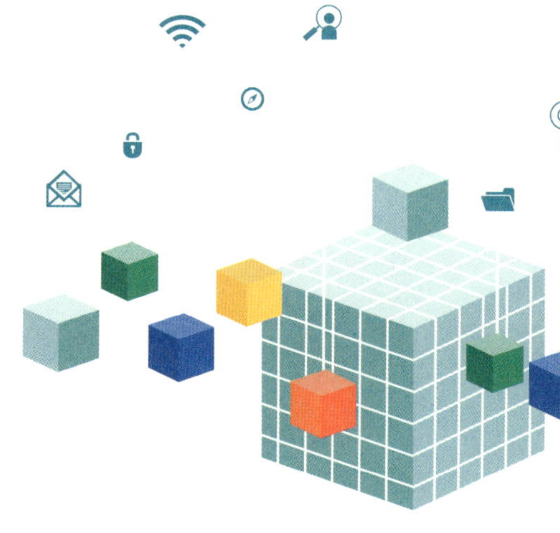

其次回答如何适应的问题。笔者认为，为数字经济时代的企业技术创新组织画个像，就能回答“如何适应”的问题了。

那么，**适应性智慧生命组织长什么样？笔者用拟人化的方式描述如下**。

（一）大脑部分要“睁眼看世界”

即建立以资本为纽带的开放性创新创业生态组织平台，在产权结构方面“不求所有但求所用”，类似于小米的创新生态圈，形成人才多元化、技术思想多元化、研究实验室国际化，最终实现华为创始人任正非所言“汲取宇宙的能量”。这与传统工业经济时代“闭门造车、自力更生”的技术创新观点显然不同。

（二）腰部部分要“有力量”

即数据中台（或知识图谱）要足够庞大、足够结构化、足够智能化，能充分赋能。南钢董事长黄一新博士的观点是：“组织中台建设至关重要，恰似人的腰部，腰部有力量，组织才会强健。”

《第二次机器革命》一书中指出，数字创新就是一种纯粹的组合式创新，每一步发展都会成为未来创新的一块“积木”，并称其为“全球性积木式创新”。也就是说，无论是 0 ~ 1 垂直式创新还是 1 ~ N 水平式创新，都来自“积木”，即数据中台（或知识图谱）。直白地讲，数字经济时代企业的知识积淀（数据中台）才是决定其技术创新能力的关键因素。

数字经济时代，技术巨头越来越重视数据中台建设。著名经济学家哈罗德·德姆塞茨（Harold Demsetz）认为知识的变化会导致生产函数、价值和期望的变化，因此数据中台是适应环境的通道，也是技术进化的源泉。当然，数据中台也包含被我们称为“数据废气”的大量试错数据，不过试错本身是一种收敛于最优化成功状态的行为。如马斯克 SpaceX“星舰”原型机 SN8 在美国发射失败后，马斯克表示“但我们得到了所需的所有数据！祝贺 SpaceX 团队。”数字经济时代，失败是宝贵的经验积累，是成功的必由环节之一。

数据中台的概念也隐含数字化产品技术创新的一个重要特征，即产品技术创新依靠点滴知识积淀，没有捷径可走，那些“弯道超车”的观念是无知且有害的。虽然我们无法缩短技术创新的路径，但可以加快技术创新的步伐，这就是数字孪生技术（DT）或者叫作工业仿真技术，这已经逐渐成为企业数字化转型的一项基础技术。

（三）上肢部分要深植场景

即推动营销组织变革，重视场景分析师职业队伍建设。营销变革是最近几年企业组织变革的一个热门话题。一方面以产品为中心的事业部制组织模式逐渐被以客户为中心的矩阵式组织模式替代，另一方面营销中台组织正在取代原来的营销职能中心组织。海能达创始人陈清州认为，兼具自助功能的营销中台组织建设不仅可以扩大销售网络效应和集群效应，提升销售效率，还可以提升客户的品牌忠诚度。

（四）下肢部分要站稳智能制造或者仿真工厂

即要确保供应链的稳健性，畅通产品与技术的数据通道。数年前，我曾与一个全球知名的跨国公司高层探讨过国际化的话题，他认为企业国际化并不是全面国际化，人才可以国际化，市场可以国际化，但供应链一定要审慎国际化。全球化企业内部都有一种“控制灯塔”的供应链管理体系，定期对供应链的稳健性和韧性进行评估，像韩国三星近年来尤其重视供应链管理，也取得了成效。

如何确保企业技术创新组织体系的高效运作呢？除了前面提及的人才激励机制、产权治理机制设计之外，关键是要建立健全一套适切的技术创新组织绩效评估机制，其核心目标至少包括：企业长期价值最大化，具体表现为市值规模、无形资产等；技术产品化和产品商业化的转换效率及杠杆效应，这方面常规的评估指标包括乘法效应指标等。企业技术创新评估机制设计是一个比较复杂的课题，我们的团队最近几年一直在开展这方面的研究，不同企业在指标应用和权重等方面有所不同，但在思想上有共同点。

数字经济时代，“技术致远、产品制胜”的理念是否成为主流，关乎国家和企业的强盛，我们期待这个时代因数字化产品技术创新而变得愈加美好。

唯有文化能构筑企业发展的长期动力

作者｜杨四伟 华夏基石管理咨询集团高级顾问、项目经理

1997 年任正非在华为内部会议上讲了一句话：资源是会枯竭的，唯有文化才会生生不息。后来这句话被广为传颂，一方面可能是因为华为 30 多年的发展取得了非常有说服力的业绩，另一方面则是随着大批企业由机会成长进入能力成长阶段，越发地意识到文化的重要性了。

一、长期发展是企业最难的目标

1992 年，华为销售额突破 1 亿元，到 1997 年，销售额已经达到 41 亿元，复合增长率高达 210%。就在大家认为形势一片大好、乘风破浪大发展时，2000 年，任正非发表了一篇文章，题目叫《活下去，是企业的硬道理》，其中一个核心观点是“活下去，长期活下去”；一年后他又发表一篇文章——《华为的冬天》，文章中他再次强调一个思想“企业不是要大，也不是要强，而是要有持续活下去的能力与适应力”。当时看这些话还不大理解，后来经历的企业多了，才恍然大悟，原来长期发展才是一个企业最难的目标。

10 年前我刚到一家企业工作时，听同事介绍公司自成立以来已经保持了近 20 年的高速增长，平均每年增速 15% 以上，当时就很惊叹、很骄傲。后来发现，像这家公司一样连续多年

保持高速增长的企业比比皆是，很多企业平均增速都能达到20%，甚至 30% 以上。然而几年之后，中国经济开始出现拐点，从过去的持续高速增长进入增速放缓的阶段，GDP 增速从 10% 左右下调到 6% 左右，而我曾经引以为傲的公司也开始出现增速下降的现象。时代变了。

根据 Wind（万得信息）数据统计，2010—2019 年，A 股市场纳入统计的 2650 家上市公司中，仅有 9 家公司能够保持每年净利润增速在 10% 以上。2010 年，2650 家上市公司中，有1708 家净利润增速超过 10%，而到了 2018 年，仅有 14 家上市公司净利润增速超过 10%，到 2019 年，仅剩下 9 家上市公司净利润增速超过 10%。也就是说，过去十年，中国经济的发展进程发生了显著变化，其间，真正能够穿越周期，保持高速增长的公司少之又少。所以，华为认为企业的长期纲领是持续增长，但持续增长实则是一个难以企及的目标。

二、长期发展必须具备长期动力

企业增速下降，既有外部环境的影响，也有企业自身的原因。

外部环境方面，从需求端看，随着人口增长放缓以及国民消费需求日益得到满足，人口红利逐渐消退，大量的需求空间已被填补，消费者的需求变得越来越高甚至难以琢磨；从供给端看，进入知识经济时代，真正具有控制力的资源与决定性的生产要素是知识，知识工作者成为企业价值创造的主体与核心竞争要素，吸引人才、激励人才、留住人才成为企业竞争的关键；从竞争端看，创业创新的速度大大提升，企业进入质量竞争、能力竞争和全面系统竞争的阶段，决定产品竞争

> 决定企业能否长期增长的根本因素不在于外部，而在于企业自身内部的因素，即组织成员，尤其是创始团队的发展动力。

力的是集合了企业的战略、运营、组织、人才、文化等能力的系统效率。如果还像以前那样，靠机会资源以及物质激励驱动终究是走不远的。

企业自身方面，创业初期，创始团队往往是“身无分文、胸有大志、充满激情”，不管遇到什么样的问题，为了理想，再苦再累也会逢山开路、遇水搭桥、披荆斩棘向前冲。但是随着企业规模做大了之后，一些创始团队的内在需求得到满足，奋斗激情逐步衰退，再遇到问题时往往不会像创业初期那样快速反应、坚韧执着，进而影响整个组织的活力与效率，导致组织中开始出现本位主义、权力导向、形式主义、腐败怠惰等不良文化。当这些不良文化长期得不到矫正，企业的经营管理就会进入一个恶性循环。

回归本源，我们发现，虽然外部环境发生了诸多变化，仍有少数企业抵御住了来自需求端、供给端和竞争端的挑战，在风云变幻的岁月中，穿越了经济周期，始终保持着高昂的发展势头。这些企业尽管行业不同，但有一点却高度一致，那就是始终保持着创业奋斗精神。这说明决定企业能否长期增长的根本因素不在于外部，而在于企业内部，即组织成员，尤其是创始团队是否有长期发展动力。美国的组织变革专家伊查克·爱迪思（Ichak Adizes）在研究了大量企业“生老病死”的原因后提出一个核心观点：**造成公司衰老退化的根本原因不是外在的变化和问题，而是企业内部创业精神的衰减**。所谓创业精神，其核心是梦想、奋斗和创造，因此，**企业要想保持长期发展就必须具备长期动力**。

所谓长期动力，有这样两个内涵：一是存在于组织成员内在的思想意识中，且是能够驱动组织成员克服困难、解决问题、创造价值的东西。例如当面临技术难题时能持续专注地投入找到突破方案；当偏远地区需要时能心甘情愿、义无反顾地赶赴战场，在缺吃少喝的艰苦条件下仍然能够想方设法、调集资源战胜对手；等等。二是这种动力是持续稳定存在的，不是三天打鱼两天晒网运动式的，也不是任何外部因素可以轻易撼动的。

三、长期动力的构筑只有靠企业文化

既然长期动力决定着企业能否长期发展，那么长期动力该如何构筑呢?

我们在研究中发现了一些现象。其一，靠薪酬、奖金、分红等外在激励维持的动力是有限的，它只能驱动人们做某些限定的工作，有时甚至会因为外在激励而限制人的主动性和创造性；其二，相对于外在激励，内在激励能更好地驱动人们做事，当一个人觉得做某件事有乐趣、有意义、有成就感时，即使不给他任何奖励，他也会源源不断地为之投入；其三，也是最重要的，无论是外在激励还是内在激励都难以做到连续、稳定，一旦激励延迟、中断或者分配不公，组织成员的动力就会同步消退，而且两种激励都存在边际效应递减的规律，随着企业对员工激励次数的增加，员工对应的需求得到满足后，就难以再激发起内在的动力。

既然外在激励和内在激励下的动力都存在衰减、中断的问题，那么怎样才能让其不衰减、不中断呢?我们来看一个案例。

公元前 356 年，有一位刚上任不久的“CEO”准备开展一场组织变革，但是由于往届干部团队多次失信于民，民众已不再轻易相信管理部门，因此，为了让大家了解和相信将要推出的政策，这位“CEO”做了一个小举措。他在民众聚集的地方竖了一根木头，告诉大家：“谁能将木头从南门搬到北门就赏给十两黄金。”众人感到很惊讶并且不相信，没有一个人敢去搬木头。“CEO”又宣布命令说：“有能够搬过去的赏五十两黄金。”有位年轻人，为了筹钱给爷爷治病，带着试试看的心理走上前去把木头从南门搬到了北门。接下来，“CEO”真的把黄金给了他。民众再次惊讶，对新的团队成员刮目相看。取得一定信任后，“CEO”接连颁布实施了一系列变革举措，废井田、重农桑、奖军功、统一度量、建立县制。变革推行十余年，道不拾遗，家给人足；推行二十余年，兵强马壮，组织崛起。多年后“老板”和“CEO”先后退出，但之后历代继任者均沿袭变革思想和政策，日益强大，最终建立起一个统一的强大的帝国。

信念的形成不是靠一式、一时完成的，而是要确立一套正确的理念，持续地传播，同时经过一个长期的过程和诸多的实践才慢慢形成。

这个故事讲的是商鞅“立木取信”而后推行变法和秦朝逐步强大的历史，也是一个生动的管理学案例，其中的很多做法与当今的管理学理论都不谋而合。通过秦朝的案例我们可以得到几点启发：其一，先进的理念和机制能够激发个体的活力，提升组织的效率，释放出强大的生产力。其二，要想让组织成员具备长期动力，必须要让其形成牢固信念。因为任何物质的激励都是暂时的，唯有信念才是一个人心中牢不可破的行为逻辑，信念一旦形成可以代代相传、生生不息，影响长远。其三，信念的形成不是靠一式、一时完成的，而是要确立一套正确的理念，持续地传播，同时经过一个长期的过程和诸多的实践才慢慢形成。对照如今的企业管理，这些不正是企业文化所要做的事吗?

企业文化是一个组织的文化，是组织成员为人处事的基本规则与深层假设，牵涉每个组织成员和每个业务环节，规则和假设要成为信念，必然要通过人和事去验证，这就需要通过人力资源、流程制度、股权激励等各种管理手段来实现。比如，通过综合面试筛选价值观一致的人，通过流程优化组织成员的行为模式，通过客观的评价与合理的分配奖优罚劣，等等，进而增强员工对文化理念的认同。无论运用哪种管理举措，企业文化管理的核心目的都是把组织的理念转变成干部员工的信念，通过牢固的信念激起组织成员的动力，使其持续、稳定地创造价值，进而支撑企业的长期发展，从这个意义上讲，**企业文化管理的根本作用就是为企业发展提供长期动力。**

四、长期动力视角下的企业文化管理

以往很多企业在开展企业文化管理时更多关注的是如何消除官僚、腐败等不良文化现象，统一思想，增强凝聚力，文化工作主要聚焦解决眼下具体的事。这实际上只是发挥了企业文化浅层次的作用。如果从长期动力的视角看，企业文化管理的核心工作应当是经营组织成员信念或者心智模式，使组织成员在信念的牵引下保持创新、创造的活力，最终支撑企业持续发展。如何才能实现这个目标，这里给三个建议。

（一）确立长期理念

所谓长期理念是指反映企业经营底层规律，能长期指引企业发展的理念。根据在企业经营管理中所起到的作用不同，长期理念应当包含四个方面。

1. 企业公理

所谓企业公理，通俗地讲就是所有企业都应该遵循的基本理念，具体又包含企业本质、企业宗旨、企业成就法则、基本组织原则。企业公理是经营企业最基本的理念，是企业的“天道”，不过，很多企业在做企业文化时容易忽略。

企业本质，主要是说明企业为什么而存在以及企业最核心的特点是什么。对企业本质的认识不同，看待企业问题或者处理冲突时的选择就不同。例如罗纳德·科斯（Ronald H. Coase）认为，企业之所以产生是因为社会交易是存在成本的，成立企业可以降低交易成本，但随着企业规模的扩大，企业内部的效率也会下降，当企业内部的交易成本高于社会成本时，企业就没有存在的价值了；德鲁克认为，企业是社会的器官，任何一个组织机构都是为了某种特殊目的、使命和某种特殊的社会职能而存在的，任何企业得以生存，都是因为它满足了社会某一方面的需要，实现了某种特殊的社会目的。包政教授在分析了各家观点之后认为，企业本质上是一个由顾客、员工与合作者组成的社会共同体，同时肩负经济职能和社会职能，企业既要尽可能地创造经济财富，也要满足员工的需求和促进实现人的价值。

> 从长期动力的视角看，企业文化管理的核心工作应当是经营组织成员信念或者心智模式。

企业宗旨，是指企业存在的根本目的和意图，或者说经营企业是为了谁。关于企业宗旨，主流的观点包括：第一，为了股东的利益，基于此，企业要实现利润最大化；第二，为了客户的利益，认为只有成就客户才能实现企业的价值；第三，为了员工，认为没有员工就无法创造价值；第四，为了社会，认为企业是社会共同体，必须履行社会责任。2019 年，包括贝佐斯、库克等在内的美国近 200 家顶尖企业的首席执行官集体发布了一份联合声明书，重新定义了公司运营的宗旨，宣称：股东利益不再是一个公司最重要的目标，公司的首要任务是创造一个更美好的社会。对此，笔者提出一个观点，从企业的本质看，企业是一个由员工、客户、合作者等组成的社会共同体，每一个主体在企业运营的过程中都有所投入，理应有所收益，因此，企业应该兼顾不同主体的利益。但由于企业在不同阶段创造的资源是有限的，难以完全均衡照顾各方利益，因此现实的情况是不同的阶段侧重某一主体，同时兼顾其他主体，使不同主体之间维持相对平衡即可。例如，创业阶段更多地考虑股东的利益，规模扩张阶段要考虑合作者的利益，系统成长阶段要多关注员工的利益，当企业成长壮大后要多承担社会责任，而自始至终都要关注客户的利益。

企业成就法则，是指企业实现目标所采用的方法和手段。关于成就法则，有人认为只有客户能够实现企业价值，所以要始终坚持客户导向，奉行成人达己的理念；有人认为企业成功与否的主动权在自己，因此更加关注企业内生力量，提升员工能力，增强组织合力，发展向内求，而现实中，多数企业已意识到，企业要成功，客户和员工都不能少。

基本组织原则，这里主要指维持组织运行需要具备的必要原则，如果缺少这些原则组织就会出现问题。其一，从个体角度看，应该维护人们在生理、生存方面的基本需求，例如安全、秩序、自由等。有些企业中，领导者的管理政策、要求经常变化，甚至动辄在员工面前表达裁员的想法，往往会给员工造成不安定的感觉，很容易导致人才流失。其二，从群体的角度看，应该确立一些原则使不同的人在一起能够和谐相处，不至于发生冲突，例如人们常说的公平公正，同等情况同等对待，不同情况不同对待，尤其在价值评价和价值分配时，如果违背了公平公正的原则，就会出现腐败、投机、“劣币驱逐良币”的问题。

2. 企业使命

使命是一个企业存在的意义和价值，一个正确的使命告诉企业内部的员工和社会大众，除了赚钱以外，我存在的价值和存在的理由还有什么。使命为整个组织确立了一个明确的价值观，它会体现到每一个业务环节。使命的主要作用是激发组织成员的责任感和成就感，赋予各项行为以价值，牵引干部员工为履行某项责任或实现某种价值而努力付出。没有使命或者使命不明确，企业在业务选择时就会陷入迷茫，资源配置也难以聚焦，另外，当组织成员物质需求得到满足后，也会陷入迷茫和怠惰，找不到一个激发其继续前行的理由。

使命与企业的业务直接相关，表达的是业务的价值。通常情况下，一个企业，只要明确了自己在产业链中的价值，并且聚焦这个价值点持续投入，做专做精，就能在市场中占据一席之地。相反，如果一个企业没有搞明白自己在产业链中的价值是什么，就无法做专做精，也是走不远的。使命是一个长期的价值主张，往往保持长期不变，只有自己真正擅长而且衷心喜欢的事情才会长期坚持、才会做好。因此，在提炼使命时，既要精准地把握社会需求，又要真正地发挥自己的优势，同时是发自内心喜欢做的事。

3. 企业愿景

愿景是对企业未来发展的憧憬，诠释企业向往的目标，并且描述企业未来的发展状态、社会与行业地位等。愿景回答了“我们想成为什么？”的问题，是组织成员普遍接受和认同的企业未来定位和理想，是对要实现的目标图景的生动描绘。愿景通常来源于三个方面。首先是企业家抱负，企业家是企业发展的天花板，企业家的格局与视野决定企业的事业格局与高度，企业的愿景中必须体现企业家的事业抱负；其次是行业趋势，愿景是一个长远的目标，愿景的提炼应当洞察并适应行业发展的大趋势；最后是企业的发展目标，愿景要适当高于目标，从更广阔、更高远的角度，引领企业的发展。

很多企业分不清愿景和使命，常常把二者混淆，实际上二者的区别还是很明显的。使命主要指向外部，表达对客户、员工乃至社会的贡献与承诺；愿景主要激励内部，表达对美好未来的追求与向往。使命激起组织成员的使命感和责任心；愿景激起组织成员的自豪感和挑战心。

4. 价值观

价值观是组织成员判断是非对错的深层标尺，即在通向未来的过程中，坚持什么样的判断标准？什么是对、什么是错？什么在先、什么在后？价值观应当包含两个维度：一是目的性价值观，即什么是价值？我们要追求什么？这类价值观通常在企业使命中有所体现；二是工具性价值观，即我们如何实现价值？举个例子，美团认为作为一家吃、喝、行、游、购、娱一站式的平台，要创造的价值不仅是帮大家吃得更好，还要为人们的美好生活创造更多的价值，帮大家把日常生活的方方面面变得更好，所以其确立的使命是“帮大家吃得更好，生活更好”。

那么如何实现这一使命呢？他们确立了四条价值观：以客户为中心、正直诚信、合作共赢、追求卓越。价值观是人的深层假设，也是影响企业经营管理的核心原则，不宜设置过多，个人建议，一般确立三条即可。

（二）建立长期机制

机制是一个系统性的概念，主要是指为完成一个目标而形成的各种要素相互协调、相互制约、稳定运行的系统。企业文化管理的内容比较抽象、主观，且牵涉面多，具有易变、复杂的特点，为了使文化理念能够有效地转变为员工信念，就需要系统地设计一套机制，明确相关的主体、权责、方法、程序以及资源，以不变应万变，从而保障企业文化管理工作稳定有序且长期开展下去。

结合文化落地的规律和华夏基石提出的“文化落地知信行”的方法论，我们总结了企业文化落地的五大机制：文化传播机制保障“知”，制度文化一致性审查机制保障“信”，行为管理机制保障“行”，文化评估机制保障效果，文化反思改进机制牵引企业持续开展自我批判与进步。整体形成一套符合文化落地规律的、闭环的且能够自我进化的管理机制（见图 1）。

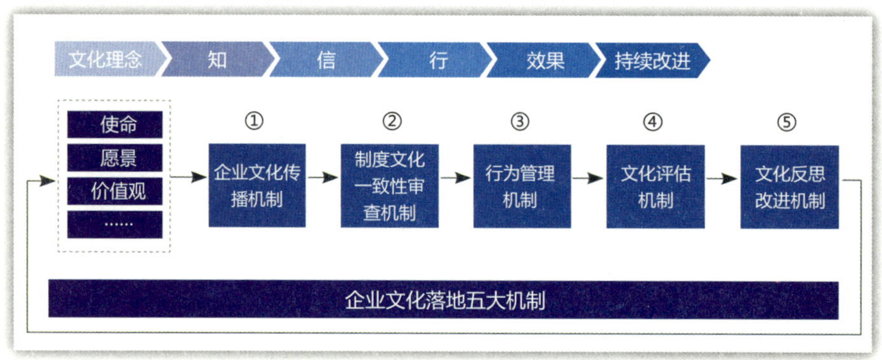

图 1　企业文化落地五大机制

（三）坚持长期管理

有了正确的理念和科学的机制，接下来要做的事就是坚持。

信念是一个人在长期的实践活动中，根据自己的生活内容和积累的知识，经过深思熟虑所沉淀的假设模式。一个人形成一条信念尚需要长期验证，而要让一群人都形成特定的信念更需要一个长期的过程。

坚持长期管理要求我们放长周期、沉下心、耐住性子去管理企业文化，不能指望着一两年就见效，更不能因为短时间没看到效果，就否定文化管理的作用，改变文化管理的措施。根据我们过往的管理经验，对于从零开始建设企业文化的企业，要呈现明显的效果，至少需要三年时间。第一年造势、松土，形成基础认知；第二年形成全面认知；第三年巩固认知。逐步用文化指引行为，只要按一定的方法和机制坚持投入，一定会呈现理想的效果。

坚持长期管理要求我们以聚沙成塔、滴水穿石的心态去开展文化管理，不能搞运动式管理。不积跬步，无以至千里；不积小流，无以成江海。这就是部队中，政委总是苦口婆心地给战士们做思想工作的原因，每讲一遍就会使大家的认知加强一点。

坚持长期管理要求我们以专注的思维去开展文化管理。我们的大脑有个特点：外在的输入每重复一次，都会加深一分记忆和理解。如果向员工输入的信息反复变化，一方面不利于记忆和理解，另一方面也会让员工找不到重点，不知道该坚持哪一个理念。

总而言之，企业在发展过程中会遇到各种新的问题，如果问题得到解决，企业将迈向一个新的高度，如果问题得不到解决，长期积累，企业就会走向衰退。面对更加高精尖的竞争，企业要想生存下去、长期发展，必须找到一种办法，使组织成员长期保持创新、创造的动力，这种长期动力不会因为激励衰减而衰减，也不会因为监督缺位而消失，而打造这种长期动力，就要开展企业文化管理。物质资源终会枯竭，唯有文化生生不息。

练就一支重量级的高绩效团队

作者 | 高正贤 华夏基石管理咨询集团高级合伙人

关于高绩效团队，有句话说得很好："胜则举杯相庆，败则拼死相救"。今天，我们面对的是智能时代，在公司外部，大背景是数字革命，产业环境的复杂之处在于有非常多的不确定性；在公司内部，成熟业务和新业务之间面临着复杂的管理。同时，行业面临跨界和重组，商业模式面临线上线下之争，竞争方式呈现多样化特点，面对这么复杂的挑战，建设高绩效团队势在必行。

一、高绩效团队的五个重要认知

（一）承认劳动是公司价值创造的主体

对于劳动的理解，不能停留在传统意义上的体力劳动，包括知识分子脑力劳动在内的，努力实现公司价值创造的活动，都是劳动。劳动是公司价值创造的主体。未来，资本、企业家都是可以撬动的，但最终企业规则的一系列落地，都得靠不同层面的劳动来完成，资本只能加速，创造不了具体的劳动。之所以把劳动作为公司价值创造的主体，是因为要回归企业的本源。企业为什么存在？是因为企业为客户服务，价值创造的需求来源于客户，企业通过劳动创造价值来满足客户。

（二）人力资源为价值创造服务

产品、销售、财务和人才，是企业实现战略目标的四个维度。高速增长、基业长青，是企业想做的两件事。要想做好这些，企业就要打造狼性文化。现在大家普遍认可的说法是：企业员工比较好的精神状态就是像狼群一样。狼群有三个特征：一是非常敏锐的嗅觉，哪个地方有商业机会都能闻到；二是不屈不挠、奋不顾身的进攻精神，任正非有一句话，“泥坑里爬出来的就是圣人”，强调的就是永不放弃的精神；三是群体奋斗精神。价值创造是企业经营的源头，人力资源的本质是打造一支前赴后继的创造组织价值奋斗不息的队伍。

（三）激发好两个动力，管理好三类对象

一是激发好物质和精神两个动力。首先是精神动力。愿景和使命是激发组织和团队工作的动机，员工之所以愿意在公司努力，是因为公司提供了除物质以外的成长机会，同时还有与同事之间的信任和协作关系，以及积极上进的工作氛围。精神力量是人力资源体系里最推崇的，任何伟大的组织在愿景、使命和核心价值观上，得到了广大员工的信任并且践行，都是出于精神上的认同。其次是物质动力。中国企业在做物质激励的时候，有一个很基础的原则——多劳多得。物质方面要坚持多劳多得，同时优化全产业链的价值创造和价值分享，让更多优秀的外部人才愿意加入，让不同类型的天才都进来，企业才能成功。

二是管理好干部、人才和组织三类对象。第一类对象是干部。干部选拔应该有一些基础的标准，包括使命感、责任感以及战略洞察和决断能力；具有自我牺牲精神；求真务实；等等。第二类对象是人才。人才具有多样性，是价值创造的源头。人才既可以从外面引进，也可以从内部培养，整个过程匹配的是企业的业务发展、组织结构模型以及不同的人才梯队。第三类对象是组织。组织是伴随着业务而存在的，存在一定的业务才有相应的组织，不能因人设立组织。组织要根据不同的业务模型做不同的考核，同时还要增强协作的牵引，构建聚焦客户、灵活敏捷、协同共进的组织。

（四）以价值创造为导向

价值创造导向包括：价值创造、价值评价、价值分配。价值创造就是一个做蛋糕的过程，包括四个要素：劳动、知识、企业家、资本。价值创造的下游环节是价值评价，价值创造出来后，得先评价，不能刚创造出价值就分配，否则，有可能会分配得不合理。所以，价值评价要先确立一个导向。“给火车头加满油”“向奋斗者倾斜”等，都是价值评价的导向。价值评价之后，就该“论功行赏”了，“论功行赏”依据的是价值评价，谁“杀敌”多，分到的钱就多，很简单的原则。但是价值分配没有绝对的公平，因为，所有的价值创造都是动态的。同时，在价值分配时要注重效率，及时奖励，不能全部都算清楚了以后才分，否则人都走光了；激励手段要多样化，短期、中期、长期相结合，精神激励和物质激励相结合。

（五）形成科学的干部管理框架

首先是任用管理。包括，干部任命、角色认知、人岗匹配等，例如企业要任命一个总经理，总经理的职责、角色，甚至薪资，都要做任用管理。其次是在岗管理。包括绩效管理、末位淘汰等，不少企业现在都在提在岗管理，但真正能做好的不多，要么是淘汰错了，要么是不敢淘汰。最后是资源池管理。包括任职资格、继任计划等，在整个过程中，什么样的人会进入资源池管理？需要去盘点干部或者从外部获取一些人才。这里面有一个干部管理机制，包括 TSP，即干部继任计划，是干部任用的替代资源池，是指干部要有梯队，“板凳”要有深度；MFP，即干部在平常工作和沟通过程中，要有团队成员的反馈，要有经理人提升计划，在这个过程中，基本上团队成员都在开展一些自我批判，增强团

“价值创造就是一个做蛋糕的过程，包括四个要素：劳动、知识、企业家、资本。

队的有效沟通氛围，同时，还有一些在线问卷反馈，帮助经理人提升；AAD，即盘点关键岗位高潜人选的过程。

二、团队建设的五个重要认知

（一）分清团队与群体的联系与区别

例如坐公司班车上班，大家虽然有相对唯一的一致目标，但是几乎没有战斗力，这是群体。团队是什么呢？就是班车在行驶途中遇到了危险，车上的人由一个群体变成一个团队，相对来说就变得积极，会想办法一起干一仗或者采取一些应对策略。所以，团队与群体是两个区别较大的概念，团队相对群体来说是积极的，而且有各种各样的角色，相互负责、相互补充，集体去达成一个目标。

（二）清楚认知团队的窘境：三个和尚没水喝

团队最难的窘境是“三个和尚没水喝”。在管理学中有两个定律：一是华盛顿合作定律，一个人敷衍了事，两个人互相推诿，三个人则永无成事之日；二是邦尼人力定律，一个人一分钟可挖一个洞，60 个人一秒钟却挖不了一个洞。在传统的团队协作中，这两个定律会导致团队的窘境。

（三）建设重量级团队——平衡矩阵

特别要推荐的模型是重量级团队——平衡矩阵。这一模型有六个典型特征：一是项目型，非常敏捷，类似于阿米巴；二是临时性，事情来了，一群人就开干；三是可大可小且目标统一，并且大家是并行的，你干市场，我干开发，然后商量完两边各自分头再干；四是商业导向，整个围绕着商业上的成功而来；五是打破部门墙；六是决策均衡。胜者为王的时代，赢不赢，看对手；输不输，看自己，只要不会输，就能建立边界。在团队中，统一认识、价值驱动非常重要，点兵点将、排兵布阵是重量级团队和平衡矩阵的优势。

（四）达成团队各类角色的平衡

团队里面有多种角色，每一个角色都有其职责和特点。决策者能促使群体达成一致，并作出准确的决策，要拍板，比较有成就感，但往往也存在激动敏感、缺乏耐心等特点。一般情况下，决策者可以当团队领袖，但假如决策失败，最大的原因有两点：不爱讨论、不敢拍板。团队里不能只有决策者，还要有执行者、监督评估者。执行者的特点是，会把一些比较宏观的观念变成实际行动，而执行者需要具有吃苦耐劳、宽容、务实等品格。监督评估者需要逻辑分析能力很强，可以在很复杂的事件中理出头绪，并且评估其中的利害关系；需要相对比较冷静，不会受周边干扰；言行谨慎、公平客观、相对理智，是一个公司里最有“质量”的人。团队角色的平衡很重要，COO（首席运营官），是协调者的角色，需要非常清楚目标，帮助团队分配角色、责任和义务，通情达理，稳重自律、积极自信，比较容易建立信任感。

（五）团队建设可用的重要理论——以人际关系理论和双因素理论为例

团队建设最重要的问题，是理顺人员动机、行为的关系，并采取合适的方法激励团队成员自愿、自动、自发提高团队绩效。团队建设用到的十大人力资源理论包括：人际关系理论、双因素理论、公平理论、强化理论、期望理论、挫折理论、权变理论、影响决定论、双因模式论、需求层次论。这里，以人际关系理论和双因素理论为例。

人际关系理论主要来源于霍桑实验，其结论是：影响生产效率的根本因素，不是工作条件、工作环境，更重要的是员工自身。简单来说，当员工意识到自己被注意、被关注的时候，就有存在感，劳动效率、能力就会得到极大提升，同时，这一理论认为融洽感和安全感比物质激励更重要。在人际关系理论中可以看到几个变化：一是从“以事为中心”转变为“以人为中心”，在鼓励人的积极性上下功夫。让员工意识到自己不是在“搬砖”，而是在“盖教堂”，这是一个很重要的角色变化。

二是从“经济人”转变为“社会人”，员工除了物质、金钱的需求以外，还有社会和心理等方面的需要。三是从生产效率单纯受工作方法和工作条件的制约，转变为生产效率的上升和下降，很大程度上取决于员工的态度，即士气。四是从只注意“组织”对员工积极性的影响，转变为关注非组织因素对员工的情感和积极性的影响。

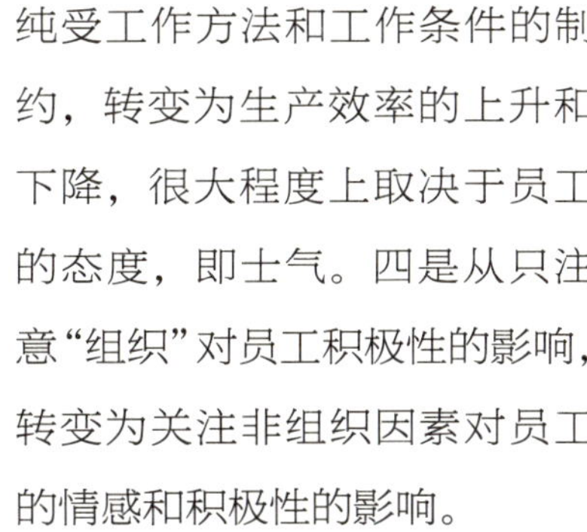

> 企业要合理设计和分配工作，考虑员工的特长和兴趣，让工作本身就能成为激励因素。

双因素理论中，保健因素属于导致不满意的因素，激励因素就是有激励作用的因素。有激励作用的因素包括，成长与发展、信任、责任、认可等；导致不满意的因素包括，安全感、地位、个人生活、与同事的关系、薪酬、工作条件、监督、公司的政策和管理等。首先，企业要合理设计和分配工作，考虑员工的特长和兴趣，让工作本身就能成为激励因素；其次，激励分为物质激励和精神激励，企业还是要去做一些双向的激励；最后，增强员工的自我激励能力。双因素理论需要基本满足保健因素，但无法完全满足，员工的主动性还是需要从激励因素上着手。

三、从五个方面看如何建设高绩效团队

（一）团队管理与领导相辅相成

管理和领导是相辅相成的，不能片面强调集中领导。团队的管理和领导没有好坏，只有领导的话，企业就容易变得好高骛远，不那么脚踏实地；只有管理的话，企业就只会埋头拉车，要么原地踏步，要么掉进沟里。所以，领导跟管理是相互协调的，领导在愿景和方向上的鼓动性非常强，让组织始终保持竞争力；管理有很好的计划性、安排性、结构性，能把成果做出来。

（二）中层干部的五个工作要求

企业大到一定规模后，一定会有很多所谓“夹心饼干”中层干部。中层干部面对上级时，一是要有积极进取、敢作敢当的精神；二是要有主动性，主动示警、控制和报备；三是要做事情完整、漂亮，不能做一半留给别人；四是要有领悟力，举一反三，融会贯通，不要怕犯错；五是要做出价值。这个主要看个人的领悟力，帮助公司做出一些超过预期的成绩。中层干部面对下属时，一是要以身作则，树立标杆；二是要导向准确，要能解决问题，而不是一味批评，甚至骂人；三是要教导，对下属不能有所保留，不能存有害怕被超越的想法；四是要尊重事实，在细节处尽可能明确指示，不能只对下属丢一句“你搞定就行了”这样的话；五是要有一些内容授权，包括任务的明确目标和信息要求等，让下属充分作主，明确所要承担的相应责任。

（三）高绩效团队的五个特征

一是拥有崇高的信仰或理念。不管做企业，还是做方案，这一点都非常重要。假如你的团队是做路灯的，你告诉团队成员我们在点亮世界，信仰和理论立马就上升了一个层次。二是有明确的目标，而且可以转化为现实任务。三是有严格的纪律约束。有很多企业表示要给员工自由，我觉得不对，起码值得商榷。四是干部能够以身作则、身先士卒，遇事冲在前面。五是不断学习，不断提升，成梯队地培养人才。

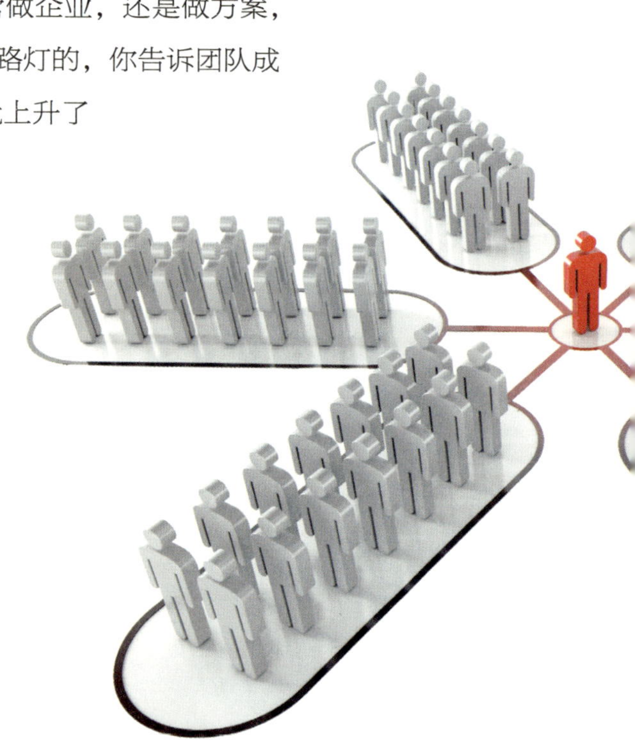

（四）团队干部要主动担当六件事

在企业里，干部只要瞄准商业成功去做事就不会错，就是说，干部的目标一定是商业成功，可以分解为六个方面：一是核心价值观的传承。干部要团结大家去传承核心价值观，不能仅仅把核心价值观贴在墙上，只是看看。干部的职责就是要团结大家形成愿景使命，为企业员工提供思想导航，否则就不能称之为干部。二是洞察客户和商机。干部一定要倾听客户和上游的声音，致力于把市场的线索转化成机会和合同，确保增长。三是带团队，实现组织目标。干部要团结一切可以团结的力量，有机会抓住机会胜利，没有机会就创造机会胜利。如果一个团队跟着你持续胜利，这个团队的战斗力就会很强。四是立方向，抓主要矛盾，做好决策。在战略方向和路径选择上，如果团队成员跟着你干的 10 件事中，有 9 件是失败的，就没有人会愿意跟你干。干部在方向和路径的选择上，一定要是最准确的。五是有全局观，持续改进业务流程。干部不能只跟市场，其他的事都不管。干部要全局考虑，例如，有时候市场跑得太快了，就要把生产往回拉一拉，不能把客户的炮火全部扔给生产和研发。六是不断积累和成长。流程不是写出来的，是最佳实践的总结，当你每次都用这个方法把事情干成了，就变成了流程，这就是最佳实践。作为干部，要将个人的知识，转变为全员的动力和资源，要让组织能积累、能复制、能成长、能放大增值。

（五）持续进行团队建设

1. 人才成长路径：人才金字塔

“宰相必起于州郡，猛将必发于卒伍”，真正的人才一定是在基层干过的人。实践是检验真理的唯一标准，如果你想当思想领袖，但是没有实践积累，就很难判断你的思想是否正确。人才可以从基层员工中锻炼起来，之后就有多种路径可走，例如，成为基层管理者、职能管理者、商业管理者等。当然，也可以从业务骨干做到业务专家。这中间有一个交叉地带，就是战略预备队。

2. 做好人才管理

人才管理中有六个非常重要的环节：立、选、用、育、留、管。如何选人才？首先要立标准，如果标准是错误的，就不可能选择到好的人才。立完标准以后再选，选完了之后再用，用的过程中培养，不能等培养好了以后再用，因为等培养好的时候战场可能已经变了，来不及了。正确的流程是选完以后就用，在用的过程中培养，把好的人才留住。同时要把“管”贯穿始终，要帮助其成长，然后匹配到人才规划。

3. 做好团队绩效管理

第一，进行团队绩效评估。绩效评估又称为绩效考核、员工考核、绩效评价，是一种员工评估机制。在绩效评估过程中，有一些科学的方法和原理，一般通过三种方式来做绩效管理：其一，结果导向。业绩评定、目标管理、关键指标都属于结果导向。其二，行为导向。行为导向就是关键事件，主要观察员工在这个过程中标准动作是否到位，观察行为要看平均状态。其三，能力导向。强调员工的潜能和绩效。一般来说，结果导向比较多一点。所谓绩效管理的四部曲，就是先制订一个绩效目标，在执行过程中辅导，然后进行绩效评估，评估以后找员工自评和沟通，探讨员工对自己工作的评价。

第二，建立团队绩效管理机制：战略解码和 SMART 指标。绩效管理是有一些评价机制的，最终要多维度来看。有一句话是“员工不做你想让他做的事情，只做你考核的事情”，做绩效的过程要逐渐与考核员工的事情相匹配，所用的方法就是战略解码的平衡记分卡分解下来的四个维度——其一，财务维度，所做的增加收入的、项目提升盈利的、投资回报率提高的、资产回报率提高的，等等，都属于财务维度；其二，客户维度，包括提升客户满意度、客户的市场份额以及客户的保有率等；其三，内部流程维度，包括提高的质量、供应链的存货周转、流程上的改善、提升生产，等等；其四，学习与发展维度，包括培训、员工的满意度、技术创新等。

第三，使用绩效管理激励模型。绩效管理激励有四种不同的模式：其一，工资。工资就是价值交换，企业聘请员工，岗位职责对应的就是工资，它是一个永远无法满足的保健因素，主要体现的是岗位职责的刚性成本，如果突然把工资砍掉，影响会很大，但工资增加到一定程度后，员工的感知就不大了，就是说达到一个层次以后，基本上就不太能影响员工的去留。其二，奖金。奖金是价值共享的，是超越职责的存在。其三，中长期奖，又称为利益共同体。企业可能制订了一个 3 年或者 5 年的阶段计划，作为利益共同体，可以设立中长期奖，比如 5 年的 TUP 或者实效性的分红。其四，股权激励，又称为事业共同体。股权激励最重要的是激发企业家精神，企业股权变革以后，就会发现开始有更多的人在关心企业的发展状况，因为拥有股份的人是一个事业共同体，大家共享利益、共担风险。

（本文原文发表在“E 洞察”微信公众号上，原文文字整理：张晓倩、杨文雪，此处有较大压缩编改，经作者审核并授权发表）

组织能力

CHINA STONE

企业为什么要构建组织能力？为了让一个组织能稳定发挥。建立在个人能力之上的组织是不稳定的，组织能克服个人的局限性。

——苗兆光

中国企业持续成功的基石——把能力建在组织上

企业从一次成功到持续成功，规模变化及复杂度提升带来的“慢”和“乱”，是企业成长发展过程的一个必经过程。对于组织能力建设的这个必经过程，企业从上到下要统一认知，克服不适，容忍“慢”和“乱”，用三到五年的时间，老老实实把体系建设出来，把组织能力打造出来。

——夏惊鸣

构建企业持续成功“三支柱”：产品力、组织力、资本力

彭剑锋

对于成功的企业而言，往往强在两个能力支柱：一是产品力；二是组织力。除少数隐形冠军，对于众多上市公司及互联网企业来说，还有第三个力量：资本力，这一点也是不可忽视的。许多互联网企业的商业模式，一开始就是凭借资本的力量，烧钱烧出来的，传统企业做到一定规模后，要成为产业领袖和行业霸主，也要借助资本的力量，收购兼并，进行产业整合。所以产品力、组织力、资本力这三种力量是支撑企业做大做强，进而成为产业领袖的“三支柱”。

一、做好做大靠产品

我是产品主义者，一直倡导企业要产品至上，才有持续的生命力。企业要硬，首先要硬在好的产品与服务上。所谓“以客户为中心”，如果没有好的产品，以“客户为中心”就是一个伪命题。要有过硬的产品，就必须要技术创新领先，而要实现技术创新领先，就要持续加大技术创新的研发投入，要真金白银在研发上砸，没有其他捷径可走！

华为能够走到今天，就是靠产品技术创新，就是靠每年从销售收入里至少拿出 10% 以上投入研发。1998 年颁布的《华为基本法》规定：“我们的经营模式是抓住机遇，靠研究开发的高投入获得产品技术和性能价格比的领先优势(第二十二条);我们保证按销售额的 10% 拨付研发经费，有必要且可能时还将加大拨付的比例（第二十六条）。”华为 2019 年的研发投入已占销售收入的 14.6%。

再如，海底捞无疑是一家优秀的餐饮企业，以服务见长，其销售收入和市值居中国餐饮企业第一，但我更看好杜中兵所创立的巴奴毛肚火锅，为什么？因为杜中兵是“真材实料”的产品主义的忠实践行者，餐饮企业排在第一位的永远是好产品，而不是好服务。好产品是根，是主；服务是叶，是辅。餐饮行业既要真材实料，也要产品创新，在此基础上才是服务。

二、做强做久靠组织力

企业光有好技术、好产品能不能做大做强？为什么很多科学家创办的高科技企业注重研发，也有创新性、技术含量高的好产品，但企业还是做不大、活不长？答案是，光有技术和产品，没有组织力，好产品卖不好，卖不多，卖不长。

> 组织能力最核心的是吸纳、培养和留住优秀人才的能力。

举一个典型的例子。我曾在一家工程机械上市公司当独董，这家公司的老板是一位有资格评院士的教授，绝对的行业技术权威，他的公司上市时，与竞争对手的规模差距不大，而且在某些技术领域超越竞争对手。因此谈到某竞争对手及其老板，他都显得不屑一顾，满脸瞧不上，觉得竞争对手的老板不懂技术。每次我跟他争论说，竞争对手的老板虽然技术没你强，但人家胸怀格局大，能吸纳优秀人才，注重组织能力，能整合全球技术。

实事求是地说，我服务的这家公司的老板是有技术，也注重技术创新，但我观察他以及很多老板后，发现**企业做不大、技术专家出身的老板，几乎都有以下两个“通病”**。

一是只懂技术，不通人性，胸怀不够。专家型企业家往往比较自我，技术牛，但不懂江湖中的人情世故；只关注事情及技术细节，不关注人；对人才要求理想化，苛刻；舍不得分钱让利。我在这个企业做了两届独董，月薪只有5000元，他还常跟我讲，你得为我们公司多做贡献，像你这种管理专家，钱不重要，帮助企业做大最重要。我只好无奈地说：“你是上市公司老板，身价百亿，钱对你不重要，但对尚未达到财务自由的我及其他人才来说，钱仍然很重要。”当年他聘请的总裁年薪才给15万元，还觉得给多了，而竞争对手的高管收入都在百万元以上。

企业家如果只懂技术和产品，不懂江湖，不通人性，不了解人的需求，就没有优秀人才愿意追随他，最后“大树底下不长草”，独木难成林。

1995年，我带着人大六个教授去华为做咨询。为什么大家愿意全身心投入，一下课就往华为跑，甚至大年三十都在华为上班？就是因为任正非通人性，了解教授们的需求，给名、给利、给尊重。黄卫伟、吴春波等教授在华为一干就是二十多年，将最有才华的岁月献给了华为。所以组织能力最核心的是吸纳、培养和留住优秀人才的能力。

二是只抓技术与产品，格局不高，不关注战略与经营命题，不抓团队与组织能力建设。专家型企业家往往过于事必躬亲，关注细节，不是抓大放小，而是抓小放大。我自认自己还算是一个战略与文化咨询专家，但这位老板从来不与我谈公司的战略、组织与人才机制问题，每次都是带我去车间看新产品，并沾沾自喜地对我说，这款产品是我亲自设计的，那项技术是我独创，技术有多先进，比竞争对手牛在什么地方……进而对竞争对手的产品及老板一通贬损，非常瞧不上。却不知竞争对手的老板虽然在技术与产品上不如他，但人家有格局，会抓战略、带团队、建组织；15 年后，竞争对手的规模已经是这家企业的十几倍了，其品牌和产品畅行全球。

三、成为产业领袖还需资本“加持”

企业有产品力，也有组织力，但为什么许多企业还是出问题？还是难以成为产业领袖？

企业做大做强，还需有第三种力：资本力。如互联网企业凭借资本的力量完成商业模式的成熟与相对的市场垄断，众多企业依靠资本的力量收购兼并，进行产业整合，或构建产业生态。

但资本力是把双刃剑，舞动不好，会伤了自身。

如方正集团是靠独创的好产品激光照排机起家的，海航是靠贴心的服务产品赢得客户认可与市场地位的，但这两家企业做到千亿规模以后，却落得个破产、清盘的结果，最根本的一个原因是，过度使用了资本杠杆，盲目扩张，过度多元化，直至驾驭不了资本这个魔鬼！

资本既是成就企业霸业的利器，也是摧毁企业基业的恶魔。这几年众多上市公司“爆雷”出问题，大多数企业都不是主营业务的产品力和组织力不行，而是企业家缺乏与资本共舞的能力和经营性现金流的意识，资金链断裂，现金流断流，一口气倒不过来，猝死身亡。

有人说，任正非不懂资本，华为也不上市，华为只有产品力和组织力，没有资本力。我认为任正非才是真正的资本运作高手，华为不上市，同样有资本力。

首先，华为创业时缺资本，任正非就通过员工持股计划及员工集资，解决了创业及高成长中的资本积累与现金短缺难题。其次，华为手上始终握有可变现资产，在华为最需要资本和现金流短缺时，及时卖掉莫贝克获得七、八亿美元，后来又卖掉

3COM 公司，获得四十亿美元。及至现在，受到美国打压，又果断卖掉荣耀，又可获数百亿美元。手上握有可变现资产及现金，华为就打不倒、死不了！最后，华为战略上始终坚守主航道，不盲目扩张和多元化，有资本都投在人才、技术、渠道建设上，许多企业公布年终业绩时，主要是销售收入和利润两大指标，而华为将经营性现金流作为三大业绩指标之一。

所以，任正非不是不懂资本，而是善用资本力量，慎用资本杠杆，狠抓经营性现金流来驱动企业持续生存和发展。

善用资本力量，慎用资本杠杆，两手抓，两手都要过硬，否则就会出问题。互联网企业尤其要注意这两者的平衡。虽然我们批判烧钱，但是互联网的流量，互联网平台的搭建是需要烧钱的，没有资本的力量是不可能支撑的。就像京东，前几年如果没有几十亿元亏损的话，不可能走到今天，所以也不能完全否定资本的力量。

总结起来，我认为，支撑企业持续成长、做强做大的力量就是产品力、组织力、资本力的“三位一体”。

组织能力的“七力模型”

郭 伟

一、什么是组织能力

什么是组织能力？如何理解组织能力？

定义一个概念，需要先看其与周边其他概念之间是什么关系，只有厘清了概念之间的关系，才能真正界定其内涵和外延，也才能真正理解这个概念。

那么，组织能力的周边都有什么概念？显然，战略和商业模式是与组织能力不同的另一种概念。如果说战略是企业想要达成的目标，商业模式是企业以什么方式达成目标，那么，组织能力就是依靠什么能力来达成目标。简单地说，组织能力就是企业为实现战略和商业模式而应具备的能力。

企业要先定战略，后定组织能力，组织能力是针对战略需要而定的。

与战略的关系厘清了，我们再来看看组织能力究竟包括哪些内容。

这方面有争议。一种观点认为，组织与人是两个概念，组织能力中不应包括人的能力；另一种观点认为，组织与人不可区分，所以组织能力中应当包括人的能力。我个人认为不必纠结，我们研究组织能力的目的是更好地支持战略，组织与人都是要研究的，归于一类还是归于两类，能有多大区别呢？

因此，我本人将组织能力分为广义组织能力和狭义组织能力两种表述方式。广义组织能力是指企业所具备的所有能力，可细分为组织形态、组织流程、组织运营、领导力、员工专业能力、企业文化和机制力七个要素（见图 1）；狭义组织能力只包括组织形态、组织流程和组织运营三个要素（见图 2）。

还有一个争议点是：核心竞争力和组织能力是不是一回事？从普拉哈拉德(C.K.Prahalad，1941—2010，核心竞争力理论的创始人之一。——编者注)的著作中可以看到，他认为企业的核心能力是最有特色、最能匹配战略目标的组织能力。

二、组织能力必须响应战略

通过以上讨论，我们可以理解组织能力的基本框架。

有一个梦想，这叫战略；想明白了梦想的基本实现方式，这叫商业模式；如何把手头的资源最有效地组织起来，按照想好的商业模式，来实现要达成的战略目标，这个叫组织能力。在战略与商业模式确定的前提下，企业唯一要做的事就是不断增强组织能力。换句话说，就是持续缩小理想组织能力与现实组织能力之间的差距。而其中，最能支持战略与商业模式，而且与别人差异区分的组织能力，叫核心竞争力。

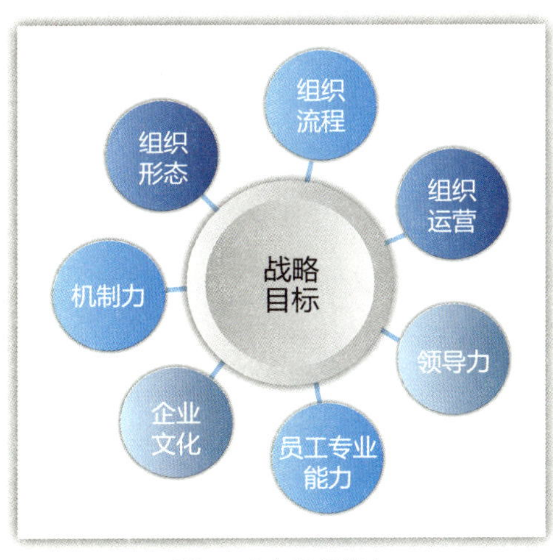

图 1 广义组织能力

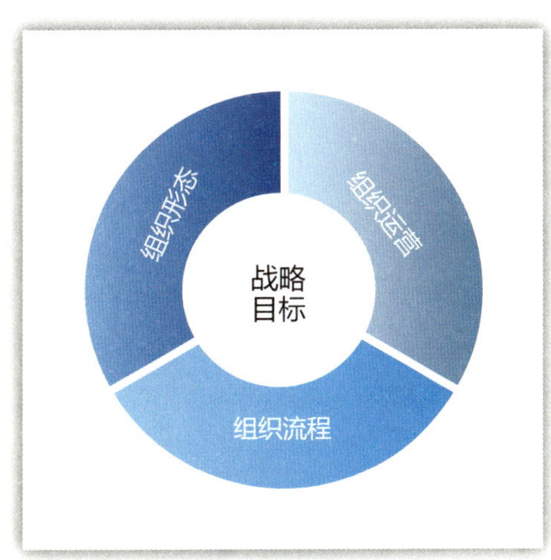

图 2 狭义组织能力

通过以上讨论可以看出，必须围绕战略来打造自己的组织能力。**战略界定了组织能力建设的方向和目标，而优秀的战略是不可能脱离行业的竞争点而独立存在的。**

比如生猪养殖加工企业，最核心的能力一定是低成本。企业可以强调高品质，可以强调交付迅速，可以强调营养保健。这些竞争点做小众服务、隐形冠军可以，但要服务大众，做行业领袖，就必须要有低成本优势。这是行业竞争特点决定的。比较而言，手机产业就不一样，竞争点就比较多。因为消费者需求不一样，行业竞争点也有许多。低成本、外观时尚、技术参数等都可以是有效的竞争点。

战略需要明确四点：第一是战略方向；第二是商业模式；第三是战略实施路径；第四是阶段性目标。只有将这四点表述清楚，才能说完成了基本的战略思考，战略才是可执行的。

战略确定后，组织能力构建就有了目标和方向。战略确定要实现低成本，那么所有的方面都要实现成本最优。交付、生产、技术研发、物流，等等，所有这些环节都要做到能力最优、成本最优。如此一来，整个组织能力构建的方向和目标就清晰了。

三、组织能力的“七力模型”

从实现战略的角度回过头再来看组织能力，大概包括七个主要方面。

组织形态。组织首先要解决“两对矛盾关系”的命题，即分工与协同、授权与管控。组织形态要解决的就是如何使得组织内的分工与协同、授权与管控达到最优的平衡。当然，组织形态仍然是要围绕着战略而建。否则，分工与协同之间、授权与管控之间就没有一个判断的标准，组织建设就会陷入混乱。

组织流程。分工与协同、授权与管控都是针对如何做事形成的。企业究竟要做哪些事情？华为认为满足客户需求是企业的经营之道，围绕“一切以客户为中心”，企业要做十六件事，因此形成了十六个端到端的流程。例如，从响应或唤起客户需求，到形成有效销售线索的市场开发流程；从有效销售线索，到完成销售收、回款的销售流程；从满足客户未来需求的创意，到形成产品推向市场的产品开发流程，等等。流程就是组织做事的方式方法。

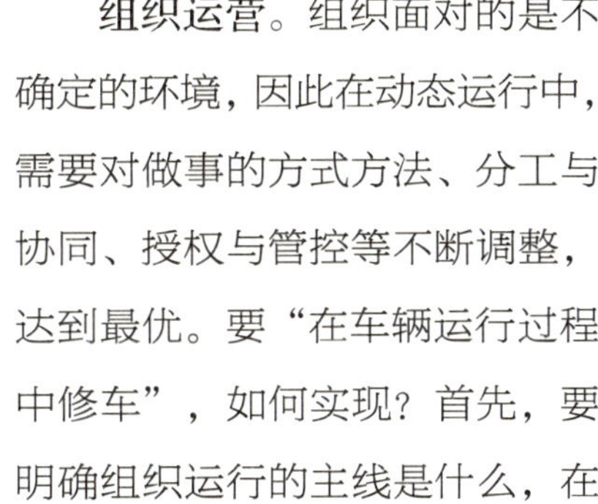

> 组织形态要解决的就是如何使得组织内的分工与协同、授权与管控达到最优的平衡。

组织运营。组织面对的是不确定的环境，因此在动态运行中，需要对做事的方式方法、分工与协同、授权与管控等不断调整，达到最优。要“在车辆运行过程中修车”，如何实现？首先，要明确组织运行的主线是什么，在主线上的系统是要首先予以保障的。发动机坏了，车就跑不起来了；而空调坏了，只是降低了驾车的舒适度。组织运行的主线是什么？是战略—计划—预算—绩效。组织要做的，就是年复一年、日复一日，就是不断地把战略分解为计划，根据计划配置资源，把计划与资源分配到各级组织和人员，督促其完成，从而最终实现既定战略。其次，要明确组织各单元围绕组织运行主线开展工作的模式，从而实现“上下同欲”“有效协同”。所以战略—计划—预算—绩效不仅仅是组织运行主线，还是一套运营系统。华为有 400 多个经营单元，只有通过一套统一的运营系统，才能够连成一体，实现组织有效协同。

领导力。以往领导力最重要的是解决干部队伍带团队的能力，随着环境的不确定性因素越来越多，现在领导力越来越多地要求干部个人能力的增强。主要表现在以下几个方面：一是思维力，对未来的趋势看不看得透，是否有数据洞察和商业敏感能力；二是意志力，就是经常说的战略定性、战略耐性；三是个人胸怀、境界，以事业为先还是以个人成功为先；以组织为重还是个人英雄；四是情绪管理，只有在情绪管理、情商足够好的情形之下才能汇聚资源和整合资源；五是精力，包括时间和体力。

员工专业能力。即使有很强的领导团队，但员工普遍能力提升不起来，也是会形成短板的。“一头狮子带领一群羊比一群狮子战斗力要强”，这句话是没错，但也得看是什么羊，是善战能斗的山羊还行，如果是一群只会吃草的绵羊，也形不成战斗力。

企业文化。在整个组织中如何形成积极向上的风气，如何形成对事业的共同认知，这些都是企业文化要做的事。文化不仅是很重要的组织能力，而且可以和战略一样作为组织的牵引力量。

机制力。所谓的机制力，就是价值创造、价值评价和价值分配。它与人力资源相关，也与运营相关，协调人与事，解决组织的内在驱动力。

企业持续发展，就需要围绕战略与商业模式，把能力建在组织上，完成从个人能力、团队能力向组织能力的过渡。从这七个方面来思考和打造销售组织能力、技术组织能力、交付组织能力……一项项地系统思考和建设，组织能力就一定能够建立起来。

“事”的方面是三个：组织流程、组织形态和组织战略绩效或者叫组织评价。

“人”的方面是四个：企业家、领导力、员工专业能力和企业文化。但企业家不是培训出来的，所以企业家部分可以单独拿出去，即一是关键人才，尤其是领导力；二是员工的专业能力；三是企业文化。关键人才里面，最重要的是领导力或者干部队伍，也可以抓住关键，表达为“领导力”。

依据以上七个部分，那么企业可以构建一个自己的“组织七力”模型。当然这样分肯定会有不同意见，但我认为，不求学理上的严谨，仅从围绕战略目标构建组织能力的角度，这七个方面的能力是最重要的，所谓构建组织能力就是构建这七个方面的能力。

四、什么时候适合构建组织能力

企业什么时候适合做组织能力的构建？组织能力建设到什么阶段能够满足客户的需求？这就要回到华夏基石所提出的“企业成长导航”理论上了，从成长的视角看，**产生组织能力危机的时候，就是组织能力构建的时点。**

> 企业持续发展，就需要围绕战略与商业模式，把能力建在组织上，完成从个人能力、团队能力向组织能力的过渡。

企业在创业初期，不用谈组织能力，那时候没有组织能力，就是团队的能力、个人的能力，抓住机会就迅速成长起来。创业时期的主要问题是领导能力危机的问题，不是组织能力危机的问题。

组织能力的危机会在什么情形之下产生？其实就是在企业形成一定规模之后，在行业当中已经开始形成战略能力的这个阶段才会有。

需要说明的是，规模是一个衡量要素，但组织能力危机与规模没有必然的联系。比如有的公司做到一两亿元规模的时候，就已经进入到需要组织状态进行决胜的阶段了；而有的公司都做到四五十亿元的营收规模了，仍然是老板牵引型的，副总裁全成了老板的秘书，还是小山头、小团队的状态，效率低下，内部打架，没有任何组织形态可言。

考量一个组织是不是出现组织能力危机，我们做咨询时经常讲，有一个很简单的办法，就是看老板离开这个企业 10 天以上，企业能不能照常运转。

具体怎么理解和判断“企业形成了一定规模，在行业当中已经开始形成战略能力”，即组织能力建设的阶段？有三个判断标准：一是要做到一定的规模，在这个行业当中已经具备了从事行业竞争的状态。二是当在行业中有数一数二的竞争态势，此时必须要打造组织能力了。三是企业持续经营、持续发展的时候。早年我们去给一家集团企业做咨询的时候，问老板一个问题：“你是想做一摊生意还是想打造一个企业。”老板说：“一回事，企业就是做生意，做生意就得通过企业来做，这两件事怎么能割裂呢？”但第二天他跟我们说：“我想了一晚上，确实不是一回事。”他说，做生意就很简单，什么赚钱我就做什么，是我的一个谋利的手段和工具，利益最大化的时候该怎么处置就怎么处置了。打造一个企业就复杂多了。

这个问题我们还可以换一句话问老板：“是谋求经营业绩最大化，还是想追求某个领域事业最大化？”

所以，可以给一个简单的结论：建设组织能力的条件和时机要满足两点，第一，有打造事业之心；第二，有打造事业之力。

五、怎么来构建组织能力

前面之所以说了这么多，就是试图描画出一个图样，帮企业看清楚组织能力建设在企业横切面的定位，以及在纵向发展中的意义，便于结合企业的情况，把组织能力建设落到实处。以组织能力“七力模型”为例，从哪个点着手都是可以的，因为无论从哪个点着手都会涉及其他点。

华为早年间也是这样的，曾连续三年把全国好的理工院校电子工程专业的学生全部笼络了过来，笼络过来干什么也没想好，只想着：人我都招来了别家就招不了，至少形成三年的人才垄断。人来了以后，总要干点什么，然后开拓市场……

所以说，无论从人才队伍和能力建设入手，还是从业务流程建设切入，抑或是把组织中的业绩评价体系和标准循环先建立起来，然后哪儿缺再补哪儿，等等。一旦从某个方面着手了，牵一发而动全身。所以我认为企业不用纠结从哪儿着手建设组织能力，关键是抓住一个起点，进入组织能力建设的状态。

当然，组织能力建设需要起点，也需要方法论。“组织七力”都有相应的方法论。比如说在组织形态建设上，到底是以客户为导向型的组织，还是以技术为导向型的组织，还是以创新为导向型的组织，建立的方式完全不一样。其他方面也是如此。建设组织能力，无论从哪个点入手，都涉及系统思考和体系化构建。

如何一边住着窝棚，一边建大厦？

——建设组织能力的七个现实问题

苗兆光

站在企业的角度，构建组织能力时我认为要关注几个现实问题。

第一个问题：如果说组织是一座大厦，这个大厦怎么盖起来？

企业建组织能力时，令人头疼的常见问题有两种：第一种是在没有什么管理基础的情况下怎么建大厦；第二种是家里有一个窝棚，人还得在里面住着，如果把窝棚拆了，下雨的话立马就会被淋着，不拆的话好像还没法建大厦。就是原来有一些东西，也在发挥着作用，怎么在这个基础上建起组织大厦，这个过程应该怎么一步一步地走过来。又不能拆窝棚，又要建大厦，这个过程就是企业特别头疼的地方。

大多数企业是第二种情况：家里已经有一个窝棚了，或者有一个小危楼，怎么一边继续眼前的生活，一边为未来盖一栋大楼？这个过程就像是汽车在高速行驶中，把轮胎、刹车片、动力系统等逐渐换了。

从这个意义上讲，企业建组织时如何描述大厦的样子不是最关键的，掌握“建”的过程中的技巧才是重点。

第二个问题：组织能力究竟是什么能力，怎样才能一步步获得？

这就要回到对组织能力定义的探讨上来，怎么理解企业组织和战略之间的关系？战略和业务模式本质上研究的是打胜仗的问题，在哪儿发动“战争”，目标是什么，打法是什么，等等；研究的是企业生存发展战略层面的问题。但一个企业的组织能力也要在不断地打胜仗当中建立，它的成长过程就是组织能力建设的过程。

而且，企业从小到大的过程也不是一个笼统的组织能力建设过程，它不是一下子盖起来一栋楼的。有可能一开始时，销售能力强，再往大了做才有了战略管理的能力，再往后有了技术研发的能力，等等。这些能力就像大厦的四梁八柱，建大厦时不是同时建成的，而是这个柱子建几米，那个柱子建几米，然后在横截面搭个梁子，再接着建柱子……

企业能力的获得历程其实跟一个人的能力获得历程差不多。婴儿时获得的能力就是会哭，要让父母知道自己饿了、困了，等等，如果没有这个通过哭满足需求的能力，那就麻烦了；再大一点，会说话了、会写作文了，能准确地表达自己的意见了；上大学了，会写论文，能发表观点了，再到参加工作，从模仿到能独当一面……

企业的成长也是这样的，企业的能力是一块一块地、一步一步地建立起来的。理论的框架固然重要，但在现实中，企业并不是按照组织的那些要素去走的。任何组织能力都不是一个空洞的组织能力，它是在生存竞争中，为了获胜，需要了解当前最优先要建的能力是什么，然后在解决问题的过程中一块一块地、一步一步地建立起来的。

我们在研究企业成长过程中，认为企业最优先发展的能力可能就是销售能力。一个企业如果要想做起来，没有外部机会的成就是起不来的。那什么叫机会？机会就是你做得很差也能活着。如果需要做得特别好，才能活着，那就不叫机会，因为很少有一开始就做得特别好的。正是因为有了机会，企业才有了建能力的空间。有机会，说明市场对企业能力要求还不高，这个时候，谁喊的声音大谁就容易做起来，所以销售能力都是企业优先培育的。只要有机会，虽然产品可能没那么强，大致过得去，再重视销售能力，那这个企业就能做起来。华为、美的这些企业的早期发展差不多都是这样的，机会牵引，销售突破。

第三个问题：为什么一定要把能力建在组织上？

其实也不一定！像福特汽车的创始人亨利·福特就特别强悍，他自己就能发明汽车，他自己在家里就攒出一辆汽车来，然后把汽车的零部件打散了，设计出汽车制造流水线，雇佣一大批工人，让工人按照自己的要求干活，再雇佣一批监工，监督工人不偷懒……这种模式曾一度让福特汽车占到全美国 70% 的市场份额，不能说不成功。福特就是靠个人超强的能力成功的，其他人都是他的助手。因此不能说个人的能力不重要，一个组织早期就是靠个人，加几个得力的助手，也能干一件大事儿，为什么不可以呢？能力可以是单个人获得的，也可以是组织的。甚至也有一种历史观认为，人类社会是由各个领域的英雄推进的。

那么，企业究竟为什么要建组织能力？我一直认为，组织和管理解决的事情就是让一个组织能稳定发挥，建立在个人能力之上的组织是不稳定的。早期是能干的企业家把企业做起来的，他个人的天赋是企业最早的动力，但是难就难在他的一生中有很多变化，比如生理上的衰退就是一个无法超越的局限。而组织，能克服个人的局限性，让企业获得资源变得简单。

组织可以把社会的各种资源拿来，形成一定的、可靠的能力，再把优质的资源调到别的地方，再去建别的能力，这样一步一步地，这个组织的大厦就能盖起来了。

我要强调的是：第一，企业组织一定是围绕着它的发展要求、战略命题，一块能力、一块能力建设的，没有“一般的组织能力”这种说法。第二，能力建在组织上，一定是为了企业能够长期发展、持续发展、稳定发展。

组织能克服个人的局限性，让企业获得资源变得简单。

第四个问题：什么样的能力才是有效的能力？

正好与这个机会相匹配的能力，才是有效的。如果能力与机会不匹配，这个能力就是个“废物”。比如大家正在这儿研讨问题，我跟大家说，我饭量很大，那我这个能力跟共同研讨问题这个机会并不匹配，就不算是一项能力。

还有一种情况是，以前具备的能力与现在的机会变化不相匹配了。能力是动态的，所以也会过时。个人能力如此，组织能力也一样。组织能力即便建起来了，仍然要随着机会的变化而调整，或者说要为所具备的能力寻找到相匹配的机会。

所以，组织能力是一个动态的概念，要不断地扬弃。比如原来销售能力很强，但那是在线下，后来机会改变了，很多人都去线上了，原来的销售能力可能就成为包袱了。组织能力不一定永远都是正向的，为什么有些企业的能力反而成为响应机会的包袱？就在于它没有及时调整能力。

第五个问题：建组织能力最核心的要素是什么？

建组织能力大厦，重在建的过程，用理论来解释这个过程，怎样都会显得“理论化”或“理想化”，但不用理论来解释又说不清楚，所以关于组织能力，还是有很多大师给出理论模型。在这些理论模型里，到目前为止，我仍然觉得最好的是克莱顿·克里斯坦森（Clayton M. Christensen）的 RPV 模型，就是资源、流程、价值观这个三角形。这也是建组织能力所需要具备的三个核心要素。

资料链接

RPV 模型是克里斯坦森教授在《创新者的窘境》这本书中提出的，R（Resource，资源），P（Process，流程），V（Value，价值 / 价值观），衡量什么该做、什么不该做的价值标准。它们是衡量一个组织是否健康，是否有价值能长期生存的工具（见图 1）。

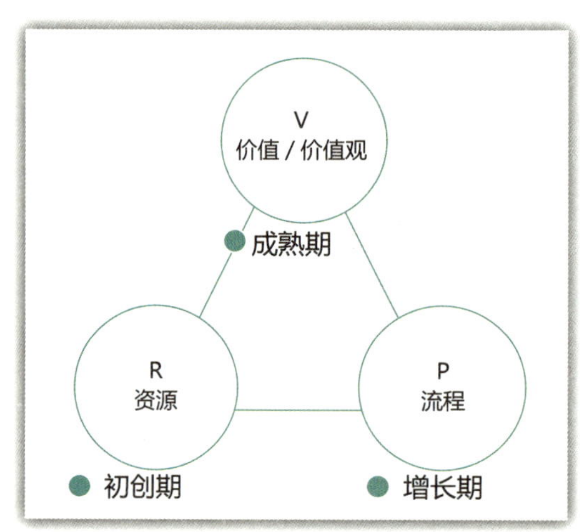

图 1　RPV 模型

1. 资源。建组织能力的第一核心要素是资源。什么叫资源？比如建销售能力，得有业务员，否则销售能力出不来，还要有办事处，要有车，等等，这些东西都是资源，没有这些资源就没有这个能力。比如在抗击疫情当中，IVD 行业（In Vitro Diagnostic Products，体外诊断产品，指医疗器械、体外诊断试剂以及药品）中有些企业能够匹配机会，爆发出特别强的能力，有些企业则不行。推出新冠检测试剂，看上去很简单，实际上要出来试剂，不是只在实验室里研究就行的，最重要的是得拿到病人的样本，早期在武汉封城以后，IVD 的企业如果拿不到病人样本，就研究不出来试剂，这需要调配很多关系，这种关系就叫资源。动作快的企业，可能因为有这方面的积累，比如本来就跟研究机构共同建有实验室，等等，就能在第一时间拿到样本。总之有资源储备，合适的时机就能变成能力。

资源有很多种，不是说简单地归到人力资源上就行了。钱也是资源，企业早期做业务时，没钱和有钱肯定有不一样的做法。没钱的时候只能慢慢迭代，有钱则可以很快把规模做起来，可以先赔钱再赢利。信息也是资源，掌握不了关键信息就判断不了形势，战略就难以定出来。所以我认为资源是能力的一个核心要素。

2. **流程**。所谓流程，是说拿到信息的这个人不一定会判断，就需要有人去判断甚至需要一组人来分析、判断，定出策略，然后再有一组人去执行……因此，企业具有战略管理能力以后，把大多数人协同在一起是需要流程的。无论是管理过程，还是制度，还是业务的组合方式，都是流程。在克里斯坦森的概念里面，流程制度就是把人有效地组织起来的手段。

3. **价值观**。价值观来自你做这件事必须遵循一致的原则。比如销售能力，是销向大客户的能力，还是销向普遍市场的能力；是销向高端客户的能力，还是销向低端客户的能力。这个销售能力就会具象到机会上，背后就需要有一致的价值观。再比如，要销向普通客户，就需要有低成本的能力，低成本这种价值观就会贯穿于所有的环节，假如这个价值原则不能遵循于所有过程当中，能力就建立不起来。

能力的背后是一组价值原则体系，就是大家遵循的原则是一样的，这就是价值观。

第六个问题：在还没有体系的“手感”时，能不能先建单项能力？

我认为，克里斯坦森的 RPV 模型，在理论抽离层面非常到位，把它作为思考组织能力的理论模型是非常本质的逻辑，但它的缺陷跟“杨三角”等其他理论模型一样，最后会演绎出一个体系来。凡是体系，都需要规模支撑，只有企业做到一定的规模以后，体系才会出来。

建一个体系，要求这个管理者有管理“手感”，这个“手感”的训练过程非常长。获得管理“手感”本身就是很困难的一件事，能力却不能等，哪怕是刚开始创业，也需要至少一项能力，否则活不下来。这种情况该怎么办？

从我们咨询服务企业的角度来看，组织能力模型是相对的，很难弄出一个所有企业通用的有效模型，有的模型可能适合在沙土地上盖大楼，有的模型适合在小窝棚的基础上再往上盖。必须要基于特定客户群，匹配它面临的机会，比如二次创业期的企业。

我们所接触到的很多企业都是从沙土地上千辛万苦长出来的，已经具备了一些能力了，我们能做的就是，用这些企业熟知的语言、能够驾驭的概念，统一到组织能力这个概念上，去帮助企业家识别阻碍其发展的关键之处，就围绕这一件事建组织能力，补其中最短的那块板也行，加长最需要加长的那块长板也行。

第七个问题：如果要建战略能力，从哪几个要素入手？

如果企业最需要建的是战略能力这一件事，从哪几个要素开始？从企业可接受的概念，结合理论的支持，我认为可以抓住以下几个战略能力建设要素。

1. **人，找到明白人**。此前在一个企业开展讨论，老板说，现在我们销售最弱。他们的销售分国内销售、国际销售。我跟负责国内销售的队伍聊完，发现他们其实是有想法的，有想法就好办了，接下来就可以谈怎么一步一步把销售能力建起来了。在与负责国际销售业务的人聊的时候，发现问题出在人不行，没有明白人，连面临的战场情况都说不清楚，信息也不完整，更别谈定策略了。

人是一个企业战略能力中最核心的资源，没有人什么事都干不成。那就要人力资源部门去找到合适的干部，组织团队协作，这样就把人力资源引入到组织能力建设框架中来了。

> 组织里面如果没有一个统一的方法就开始建流程、建制度，相当于公路的信号指挥系统，出口入口都还没有建起来，就开始放车进来，肯定会乱掉。

2. 文化。把人协作起来的是文化。文化包括一个组织里的价值观、做事风格、判断是非的标准等，但最初的种子是领导团队对未来的冲动、对未来的认知，这叫企业文化。

文化从最早的时候就是团队协同的基础，创业团队如果不能把文化理顺并保持一致，这个团队就没有战斗力。企业初创时，团队成员文化一致的力量其实要大于机制驱动。

电视剧《亮剑》里，李云龙攻打平安县城，那时八路军缺乏信息交流系统，但当日本人的援军到了，孔杰、丁伟，甚至楚云飞（均为剧中人物。——编者注）在没有接到命令时，仍然选择拦截日本人和选择迅速去驻地支援，就是因为他们有统一的原则：见了日本军队就要打，不能让其从我方驻地通过。结果李云龙得以在一个点上发动了一场大的战役。这背后的协同系统一定是文化价值观。

当大家有了统一的是非标准，对未来有了统一的期望，在这个基础上就能够预测团队伙伴的行为，从而能调整自己怎么干。

顺带说一句：价值观能一致的人其实是稀缺的，所以一个企业不可能找到很多事业合伙人，极少数能成为靠价值约定的合伙人，大多数还是要靠利益连接、契约连接。

3. 机制。因为有共同的文化假设才有机制，机制应该在文化之后。企业的基本机制一定要建立起来，其中有两个机制是最重要的：决策机制与利益分配。

一个是决策机制。有些决策必须是某一个人定，谁了解情况谁定；但有些事不是一个人能定的，因为信息不对称，所以必须把所有的信息都拿上来，再去平衡资源决策，这时的决策必须是集体定。所谓机制，必须跟有资源和信息的人共同去决策、判断，所以决策机制是一个机制里的核心，否则就没有协同。而所谓流程要解决的是：哪些点由谁单独决定，哪些点由大家集体来决定。比如华为的IBD流程，就是理顺里面的决策体系，解决一个事情从前端到后端的流程机制。另一个是利益分配，就是所谓的价值创造、价值评价和价值分配。

4. **方法**。方法是事理的最高反映，方法比流程重要。什么叫方法？拿销售这件事情举例，如果想把大家组织起来，就要统一于一种方法。比如做医药生意时，导入了一个深度营销的方法，如果想把销售能力做出来，方法是什么呢？有一个队伍去搞定经销商，经销商是处理商务关系的，他们负责从生产商这里采购，然后再放进医院的药房，做好经销商工作，这叫销售。但这样并不能保证药品的销量，因为有可能把药放进医院的药房了，但医生对这个药品并不了解，这也不行。所以还要从终端上去做工作，让医生和患者接受你这个产品是最有效且安全的。认同你这个药厂的品牌，这叫市场，市场解决的是终端的拉力。还有，药品流向终端的过程中出了问题怎么办？还要有服务体系。把销售能力建起来，要有一套建渠道、建市场、建服务的方法，按照这个方法去分配人员、配置资源，等等，才有了流程。

方法是流程的底层，先有方法才有流程的。大多数公司对方法的认知不够，就先搞一个流程出来，流程一下子就把复杂度提升了，结果就不知道哪里是重点。组织里面如果没有一个统一的方法就开始建流程、建制度，相当于公路的信号指挥系统，出口入口都还没有建起来，就开始放车进来，肯定会乱掉。

方法一定是基于事理产生出来的浓缩。方法是最本质的，方法是事理的最高反映。比如华为的 IBD 背后其实是一个方法体系，是怎么管理研发这种创新行动的方法。研发本质是创新的过程，创新的过程就是要把不确定性纳入确定的状态去管理起来。

5. 管理。管理是组织能力的一部分，如果不会管理，组织能力就出不来。

什么是管理？第一是分类。本质上来讲，一类事情就需要一类管理方法，组织成功的要素有很多种，企业的业务有很多类，老业务、新业务，to B 的业务、to C 的业务，等等，这些业务的复杂度特别高。管理要针对不同的情况，有不同的管法，比如研发过程的规律跟供应链的规律是不一样的。之所以说企业不能过度多元化，就是因为很难在各个业务领域里都具备管理能力。

第二是迭代，或者叫动态调整的能力。因为定的目标有可能不合理，航道有可能发生变化，相关的组成要素都需要改变，重新组合，等等，这时候需要管理去完成这种动态调整。

第三是协调。干部、文化、机制、方法的组合，背后要有一致性，当某一个要素发生变化、其一致性需要调整的时候，就需要靠管理来解决。管理职能是组织职能的一部分，这个想法来自德鲁克，德鲁克说“管理是企业的一个器官”，不能泛化，管理就是企业的一个器官，也是组织大厦的一部分。

组织能力建设的关键期是二次创业阶段

夏惊鸣

不管是模型、理论还是方法，我最关心的还是企业怎么用，怎么行之有效。

关于组织能力建设，我之前写过文章（参见《华夏基石管理评论》总第五十四辑第 86 页《企业核心竞争力的隐秘支撑——组织能力》——编者注），我的核心观点在这里再做一个简单阐述。

一、竞争力是“汽车的性能”，组织能力是“造车的能力”

一个企业的组织能力既包含了竞争力，也包含了组织能力。过去我们分析一个企业有三个维度：战略、组织、人。那从组织能力的视角，我对组织能力的定义就是战略与组织，竞争力对应的是战略，组织能力对应的是组织。我把人放进“组织”里了，因为在现实中很难把二者分开，肉连着筋，筋连着肉。

企业的竞争力主要是对外的，主要体现在技术和品牌上，竞争力的背后是系统效率。技术和品牌是效率的一种结果体现，而不是资源的直接体现，资源是更基础的东西。这是我所理解的竞争力。

如果把企业的竞争力比喻成一辆汽车的卓越性能，

那么组织能力就是制造这辆汽车的能力，二者互为因果——汽车的卓越性能（竞争力）来源于造车的能力，只有拥有造车的能力才能造出有卓越性能的车。

那组织能力是什么呢？解读其四个核心“构件”，首先要有人，尤其是要有人才梯队；人来了以后愿意干活，是管理机制；在高效的平台上干活，是组织体系；所有工作背后的导向和原则，就是企业文化。

人才梯队、管理机制、组织体系、企业文化这四个“构件”又是如何相互作用形成组织能力的呢？在人才梯队中，包含了员工素质和能力；人怎么做事，要靠管理机制，包括决策机制、分权机制、分配机制、用人机制这四大机制；组织体系是结构、流程、方法论和知识管理，组织首先要有结构，流程覆盖在结构上，方法论支撑流程，在流程运营中会形成知识。知识需要积淀和管理。企业文化一方面是组织能力建设的导向和向心力，另一方面是企业经营管理行动背后的观念体系，它与经营管理行动是一体两面的关系。

也可以把建组织能力归到建体系（或者叫建系统）上来。所谓体系，在实践中就是一种做事情的套路。为什么有的千亿级企业组织能力还是没有打造出来，都是围着老板转，都需要老板来拍板，就是因为没有在各个方面形成一套做事情的套路，没有方法、规程。如果企业形成一个稳定的套路，很多问题就解决了。比如做战略，每年10月开始做下一年度战略规划，定目标、定绩效，每个月要述职，要进行经营分析，到年终要评估，要由人来盘点，有利益分配机制，等等。一旦形成了套路，时间、流程、资源、机制就全统一到这里面了，组织就不会乱。

二、组织能力建设的关键期是二次创业阶段

当企业形成了一定的行业地位和盈利能力后，创始人团队也开始寻找自我突破和跨越，从做生意转到做事业，就是我们

经常讲的进行二次创业期，这时候是建设组织能力的关键期。

为什么？这时组织快速扩张、业务开始形成事业集群时，组织运行变复杂了，人员也复杂了，不得不开始进行组织变革，寻求建立体系了。当然，这项工作并不是完全被迫进行的，这一阶段，解决发展焦点矛盾的需求和主动进行组织变革的愿望，往往交织在一起推动企业迈入组织能力建设的进程。

（一）建体系的四项任务

我们在很多企业进行的组织变革咨询项目，都有这么一个变革过程：一是想清楚，主要是战略和顶层设计，落实到文化纲领和战略解码，等等；二是搭班子；三是责权利；四是建轨道。

这其中有两个贯穿始终的核心任务：一是业务运作体系。所谓运作体系，一般来说，一开始是产品能力、销售能力，后来是慢慢完善的交付能力。管理学里面把运作体系看作是生产管理，我所说的运作体系是与业务紧密相关、直接服务于业绩的运作体系，是企业在创业时期就已经初步形成的，在二次创业阶段，需要把它进一步地巩固、完善，提升运作效益。二是团队建设，搭班子。团队建设是企业成立之初就要开始进行的，当然也是企业成长发展中自始至终的一项任务。

组织变革的这几项任务，并没有严格的时间次序，而是根据战略的需要，结合企业发展阶段性的焦点矛盾，先集中精力做哪个都可以。总的来说，还是要把想清楚放在第一位。想清楚之后才是让谁去干，人定好之后怎么样让他有动力去干，再把责权利划分好，把这些事情解决之后，开始建轨道，慢慢完善。这里的“轨道”是指企业内部的秩序管控，自始至终的业务运作体系。

（二）管理失效的背后是系统性缺失

在组织能力建设过程中，尤其在二次创业期，企业内部存在一些几乎是共性的现象：比如员工会感到企业变来变去，老板今天一个主意、明天一个主意，甚至出去听什么课回来就又有新想法；比如还会感到“缺管理”，效率变低，出现各种“山头”或者各种想法，内部协同不畅，职业经理人难存活，等等。

为什么在企业进入二次创业阶段会出现这些现象、其本质是什么？如果不想明白这些事情，只是提组织能力建设有可能会害了企业。

我们一个个来分析。老板变来变去，以及山头林立、思想林立，内部协同不畅的问题，其实是两种状态转换期的一个必经过程，虽然比较痛苦。两种什么状态？我经常用小船和大船来做比喻，比较好理解一点儿。创业期的企业相当于是一只小船，夸张一点说是一个快艇，动力系统是人划桨，转向系统也是人划桨，制动系统还是人划桨；而在一次创业成功后进入二次创业期时，相当于正在建设一艘大船，动力系统是发动机，还有传动轴、制动系统、电机系统、液压系统、通信系统等。注意！这两种状态的转换，并不是直接从小船换到大船上，而是一边开着船一边建船的过程。但是，开小船和开大船又是两个完全不同的逻辑和场景，所以会出现各种所谓的“乱象”。其背后的原因就是：小船的承重能力、动力已经快到极限了，但大船的系统还没有完全建立起来，还不能完全按大船的逻辑行事，所以各种“乱象”的背后实际是系统性缺失，系统性缺失使得很多管理政策都失效。有一些企业没有看到这个本质问题，而是在治表上下功夫，如加强管理、大量招进“空降兵”等，殊不知任何一个管理措施都是需要系统配合的，系统性缺失才是问题的根本。

职业经理人存活难是二次创业阶段尤为突出的问题，其背后的原因也是由于两种状态转换时的系统性缺失。招来的职业经理人往往来自一个成熟的大公司，相当于他过去是在一个大船里面工作，他的工作场景是看仪器仪表，依靠系统；但他来到小船之后，工作场景完全变了，哪有仪表仪器可看？就得靠腿勤、口喊加亲自动手，一边开船一边建各种系统。工作场景的转换使得空降的职业经理人很不适应，老板也委屈——请你来就是帮忙建船的，你却天天说这船太乱太破……只有当空降的职业经理人和老板都认识到这背后的本质问题，才能把力量统一到转型上，进行组织体系建设。

三、一次成功和持续成功的区别

一个企业做大了之后，或者说进入二次创业期后，相比较于创业期，某些方面确实会慢一些。但我觉得慢是正常的，要容忍某种慢，比如体系建设、人才梯队建设等，它也急不来，它就是一个需要时间的活儿。如果不厘清这个概念，当出现慢的现象时，包括老板在内，往往会出现急躁冒进的“症状”，瞎折腾，忙着下药却不对症。

为什么会慢？我们打个比喻：快艇和大吨位的轮船哪个慢？肯定是轮船慢；大货车和小轿车哪个慢？大货车慢。所以，慢的背后是什么？是规模，是更为复杂却更为安全的体系。企业一次成功和持续成功的区别也类似。一次成功可能就是老板一个人掌握了技术，或者有一个关系客户，就把生意做起来了，我们称其为机会驱动的成功。但是一次成功并不意味着企业就能够持续成功，不可能总有那么好的机会，老业务也会有饱和的时候。这个时候就开始研发新的产品，卖一代、研发一代、储备一代；开始要建技术能力，建技术队伍，要为未来做准备。以前企业里的人是“一个萝卜一个坑”，现在必须养一批人，要做人才储备。如此种种，相比较原来，运营变复杂了、“吨位”变大了，企业速度自然就会慢下来。

此前我们也曾诟病一些企业，还没做大就有“大企业病”：官僚主义、“流程筒”，响应市场速度慢，耽误业务，等等。但矛盾的是，这一时期它又需要干这些事儿，建机构、建流程、建规范。这后面其实有一个发展规律，即企业从一次成功到持续成功，规模变化及复杂度提升带来的“慢”和“乱”，是企业成长发展的一个必经过程。

对于二次创业阶段的种种问题背后的本质原因，对于组织能力建设的这个必经过程，企业从上到下要统一认知，克服不适，容忍“慢”和“乱”，用三到五年的时间，老老实实把体系建设出来，把组织能力打造出来。

四、企业最底层的能力是组织能力

一个企业牛不牛，能不能实现持续成功，归根结底还是在组织能力的建设上，在组织能力建设上能不能认真、坚持、做透。

创业家群体也是由组织能力产生的，组织有活力才能够激发有创造力的人出来。我看到很多人批评中国企业的创新力不强，所以全球竞争力差，云云。我有不同看法，我认为中国企业家的创新能力其实不差，但为什么没有体现到全球产业竞争力的提升上？原因在于中国企业的创新力、创造力主要体现在第一代创业家（也有的是创业团队）身上，很难传承下去，企业创造力的天花板似乎就是创业家的年龄。第一代创业家退休了，企业就没有创造力了。

更深一层的原因是什么呢？企业没有完成组织化，没有建设起组织能力。过去机会太多、机会太好，又受限于胸怀与眼界，很多企业家并没有把组织能力建设作为追求，而耽于收获一个技术带来的成功红利。当机会变了，环境变了，才发现组织能力跟不上了，而竞争力早已悄悄减弱……

回顾我前面所说的竞争力与组织能力的关系，我们假设一个企业的技术很强，靠技术实现了一次成功，但要思考的是：如果没有技术人才梯队，怎么保障技术持续强下去？没有管理机制去激活技术人才，怎么保障技术持续强下去？没有形成一个组织体系，如技术结构、流程、方法论、知识管理，怎么保障技术持续强下去？没有正确的文化价值导向，怎么保障技术持续强下去？

因此我说，企业的竞争力是“车的卓越性能”，组织能力是“造车的能力”。所以归根结底，一个企业要从一次成功迈向持续成功，最底层的能力就是组织能力！

聚焦HR

CHINA STONE

如何对创新创业人才予以高度关注和精心规划，如何通过机制创新及组织氛围再造，使组织充满活力、创造力，并使创新创业人才脱颖而出，是“十四五”规划实施期人才发展规划的重要内容。

——彭剑锋

加速度时代的制胜策略：人才密度

■ 作者 | 陈 明 华夏基石管理咨询集团副总裁
华夏基石产业服务集团创始合伙人

“罗马城可以一天建成”

进入了数字化时代，变化似乎越来越快，社会呈现一种加速度状态，社会学家称之为“加速度社会”。速度经济成为商业竞争的新规则。

尤其对于一些新兴经济，由于行业的机会窗变短，要求企业能快速响应机会，并保持一定的增速来对冲外部变化加速的风险。甚至有一种说法：如果不能快速成为行业领袖，或细分领域冠军，就只能“苟且偷生”。企业必须以最快的速度冲出来，快速获得成长优势。

这是一个缔造商业传奇的新速度时代——

小米集团 2010 年 3 月成立，2019 年登上世界五百强榜单，仅用了 9 年时间。

特斯拉公司 2003 年 7 月成立，其市值已达到 8052 亿美元（截至 2021 年 1 月 12 日），相当于 3.8 个丰田，11.8 个通用。

蔚来汽车公司 2014 年 11 月成立，其市值达到 969.5 亿美元，（截至 2021 年 1 月 12 日），相当于 2 个上汽集团。

字节跳动公司据坊间最新估值已达到 1800 亿美元。其成立不到5年。

美团、拼多多、携程……

这个名单还能列举出不少企业，中国企业在其中是当之无愧的主角。这些公司的成长速度之快，几乎打破了人们通常的商业认知，有人感慨这是时代的奇迹，原来“罗马城可以一天建成”。

分析这些公司的快速成长之道，笔者认为有四个核心原因：其一是赶上了“大风口”。小米创始人雷军的“金句”之一是，“站在风口，猪都能飞起来”，准确通俗地描述了“形势比人强”的原理，是时代新机会造就了这些企业。其二是资本的力量。这些企业很多从成立之初就是资本的宠儿，挟带着资本优势来势汹汹。其三是“玩法儿”。所谓互联网商业新模式，如从产品导向到用户导向，从做企业到做产业生态，等等，这些另文分析。其四是人才密度战略。这一点往往被前面几个原因掩盖而不彰，这其实是企业得以快速发展的“秘诀”。

当然这些企业能把人才密度战略落地，与前面三个优势也分不开——有发展机会、有“钱途”、有人才施展才华之处，自然能聚天下英才而用之。不过，越是高端人才，越要靠吸引而来。所以，上述企业的创始人非常重视人才，把找业界TOP级人才当作真正的“一把手工程”，雷军还有句名言，“找人不是三顾茅庐，找人要三十次顾茅庐”，不惜一切代价找到“牛人”“大咖”。

为什么要强调人才密度战略？怎么实施人才密度战略？且看下文分解。

跃迁式增长要求人才起点高、密度大

硅谷投资圈中流传一个“硅谷人才定律”，大意是“企业能否做大，取决于最初的那10个人，数字时代甚至取决于前5个人”。这本质上也是“人才密度”的概念。

小米在成立之初的一年里，发起人雷军 70% 的时间是在找人，一年之内，七个合伙人找齐了，所谓“七个常委配齐了”，先找“大脑袋”，找业内最牛的人。

美团之所以能从“千团大战”中成功地冲出来，其成功的密码也是人才密度大。美团成立之初，王兴找的全是“牛人”。如王慧文（王兴的清华大学同学、舍友）、杨锦方（清华科创协会第二任会长）、沈鹏（销售天才，中央财经大学大四学生）、干嘉伟（“阿里铁军”的核心人物）、赖斌强（天津大学计算机专业，王兴高中同学）……

还有，号称“中国最牛合伙人团队”的携程网创始团队，包括梁建章、沈南鹏、季琦、范敏，每个人都是他所在专业领域的 TOP 级人才。

为什么要强调人才密度战略？主要是企业的增长方式发生了很大的变化，从过去的线性增长转变为跃迁式增长。进入互联网、数字化、智能化时代，技术周期更迭速度加快，所带来的一些产业机会窗的更迭周期也变短了，企业必须以“席卷之势”才能在短时间内把握机会，否则真的是“机不可失，时不再来”了。当机会窗来临之际，势必会出现激烈竞争。此时，哪家企业的人才密度大，组织方式有活力，就能把握住战机、赢得发展的先机，迅速占据行业头部位置，甚至一骑绝尘。

> 当机会窗来临之际，势必会出现激烈竞争。此时，哪家企业的人才密度大、组织方式有活力，就能把握住战机，赢得发展的先机。

反观传统企业。笔者在这些年的咨询实践中发现，有很多商业嗅觉敏锐，率先占据市场先机的民营企业，发展潜力虽然很大，事实上却做不大（或做不强），表现为增长速度下降、新业务发展不起来。其中有一个主要的制约因素，就是人才队伍建设速度跟不上企业发展和业务变革需求。

当一个企业人才队伍捉襟见肘，企业没有多少人才可用时，自然难以快速响应新机会。而当企业增长速度放缓、新业务发展不起来时，自然也难以吸引到真正的人才。如此循环反复，企业就陷入了成长陷阱难以自拔。

实施人才密度战略的四大策略

策略一：用愿景吸引人，要求企业家打开胸怀和格局

事实上，很多老板是认可人才密度理念的，但他们往往会提出一些所谓的现实困难，如“企业规模比较小，没有办法进行人才储备”“招不来人，人太贵”“人来了好不容易熟悉业务又被挖走了，伤心伤财”，等等。

这些困难不是说不存在，但要看从哪个视角来分析问题。如果仅仅把眼光放在当前，肯定会是困难；如果从更高一些的发展格局和长期价值主义来看，这些困难就不一定是真正的困难。

梳理马云、雷军、王兴这些新兴经济的企业家创业史会发现，他们大多数都是梦想家：做一点不一样的事情，让世界变得更美好一点。相较于以制造业为主、在改革开放后的 20 世纪八九十年代创业的那两代企业家来说，这一代企业家有一个显著特点：敢想。他们大多是未来主义者，善于描画愿景，强调用价值观牵引；从个人魅力上来说，他们真诚、务实且充满热情，能鼓舞人心。

笔者经常在和一些企业家沟通的时候，半开玩笑地说，现在做老板既要实干，又要能“忽悠”，成为讲故事高手，善于用愿景牵引企业前进。

愿景型企业家典型代表，当属任正非。1994 年左右，任正非第一次见到后来担任《华为基本法》起草小组组长、中国人民大学的彭剑锋教授时，就说了一句话：未来世界通信三分天下，必有华为一分，你们这些研究企业的教授只有跟着华为干，才会有前途。他对华为未来的描述总是让人热血沸腾，并能使

一批批华为人笃定一定能实现。

马云也是著名的愿景型企业家之一。很多在阿里巴巴立下汗马功劳的精英，都是被马云的事业愿景吸引到阿里巴巴公司来的。最被业内津津乐道的例子就是当年蔡崇信放弃 70 万美元年薪，加盟阿里巴巴后拿 500 元月工资和马云一起创业。据说，后来这一点甚至成为一些投资者判断一个创业项目能否成功的要素之一，即，发起人或创始人有没有能力 “忽悠”那些杰出人才放弃高工资、高福利，加盟进来一起创业。如果创业团队有这样的人，那这个项目至少成功了一半。

举这些例子是想说明，企业发展已经步入了人才竞争的时代，人才战略是企业的未来战略，要跨时空配置人才，如果只看眼前，所见之处皆是局限。

策略二：高手才能吸引高手，老板要成为“首席找人官”

笔者发现，那些人才的数量、质量都不够，人才密度比较低的中小型企业，当人才成了制约公司进一步发展壮大的主要因素时，老板很上火，认为是人力资源部的工作没有做好，或者 HR 们能力不行，招不来能干、有用的人。

高端人才招不来，固然有人力资源管理部门的责任，但笔者认为，老板也有逃不掉的责任。为什么这么说？一是“牛人”往往出现在“牛人云集”的地方，而老板作为企业里社会地位最高、社会资源相对来说最丰富的人，发现“牛人”的机会自然比招聘部的 HR 们要多；二是真正的 TOP 级人才一定是老板带着诚意请来的，或者被老板吸引过来的。所以老板必须随时带着一双“慧眼”，在各种场合有意识地发现人才、吸引人才。

真正的企业家是不会端着身份架子的，而会非常平易近人，如主动邀请人才喝咖啡、吃饭，讲述事业蓝图。作为皇叔的刘备都能“三顾茅庐”请诸葛亮出山，真正想干一番事业的老板们肯定也能拿出这样的诚意。据我们的经验，当公司人数规模少于 400 人的时候，老板更要成为“首席找人官”，要为企业的未来寻找和延揽高端人才。

此外，在吸引高端人才方面，企业要注意几个现实问题。一是人力资源部门要转变“招聘”意识。招聘这个词，是以企业为中心、以企业为主的动作，而现在，企业应该主动到人才比较“富集”的地方去寻觅。有的企业甚至把招聘办公室设在竞争对手楼下的咖啡厅里。二是警惕“武大郎开店”效应，即招聘负责人招来的都是不如自己的人，这样他的位置就比较安全。三是人才配置不到位。比如让刚毕业的年轻 HR 来做招聘，年轻人固然有他们的优势，但由于阅历较浅，很难识别出真正的人才，或者会误判。识人，是一项能力，需要综合素养，也需要一定的人生和社会阅历。因此招聘岗位要高配，切莫小看。

“人才战略是企业的未来战略，要跨时空配置人才，如果只看眼前，所见之处皆是局限。”

策略三：为未来投资人才，人才需要适度“冗余”

1. 换一种思维计算“人才成本账”

笔者在咨询实践中经常发现很多老板具有敏锐的商业直觉，对产业演变极具洞察力，但事业版图却偏于一隅，市场份额始终做不大。究其原因，主要是人才干部一直是“紧绷绷”的，好比作战，仗越打越大，可用之人却越来越少，不能支撑打大战争，始终处于小股部队机动作战状态。这样在市场上肯定斩获不多。由于人才制约，一些企业很遗憾地错过发展机遇，在机会窗内都没有发展壮大，而一旦机会窗变小了，竞争转向依靠核心能力和组织力量时，企业要发展就更难了。

当笔者给这些企业提出“为未来配置人才，人才适度‘冗余’”的建议时，很多老板都认同，但在实际操作的时候，又自觉不自觉地会算计用人成本和人均效率，招人会增加成本，不能用投资的概念来理解人才“冗余”。

其实，适度的人才“冗余”是不会“亏本”的。首先，有利于用机制激活人。人才只有适度“冗余”，才有人才可选拔。人才一定是选出来的，竞争出来的。一个职位，旁边总是有人在“虎视眈眈”就会出现良性竞争，有利于激活大家，有利于奋斗者文化落地。美的集团之所以能形成“三个月检讨，六个月下台”机制，华为之所以能落实“能上能下，能左能右”的机制，营造紧张感，关键就在于有丰富的人才储备。 其次，避免制度落实不下去的风险。如果公司人才不够用，只能将就着用、凑合着用、求着用，一是用于做员工思想工作的隐形成本高；二是考核制度很难落实下去。原因很简单，本来“一个萝卜几个坑”，人才忙于应付任务，再考核、处罚，可能就把人压垮了、挤走了。

2. 如何做到人才适度“冗余”

第一，目标牵引。所谓“向前看，往回推”，招人实际上要为未来配置资源，与未来的目标匹配。机会牵引人才、目标牵引人才，要有大的企图心，敢于挑战自己。有人说华为的人力资源战略就是“人多”。人才队伍锻造至少需要 5~8 年的时间，任正非有一次去华为的一个业务大区走访，区域负责人汇报时说，现在非常缺干部。任正非说，那要怪你们 8 年前没有做准备。人才队伍建设需要坚持长期主义，不能靠机会主义。比如，公司计划 5 年后达到 100 亿元的营收规模，那现在就要为 100 亿元规模配置人才及干部队伍。

只要是大势市场，就是市场规模超过一般增速，此时企业多招一些人是没有问题的。

第二，把握“冗余”的时机。也就是何时多招人。这个问题在实践操作中难度最大。我们的经验是：只要是大势市场，就是市场规模超过一般增速，此时企业多招一些人是没有问题的。此外，市场刚刚兴起，正处于爆发的前期时，也可赶紧储备人才。反过来说有两种情况需要收敛。一是这个市场相对成熟了，增长放缓甚至萎缩了，此时就需要计算人均效率了。二是依据发展阶段，进行战略性调整时，适当降低对规模的追求，追求提质增效时，也可适度收敛组织，放缓人才延揽。

第三，注意调整优化考核结构。考核是个指挥棒，简单的“提成制”有时候会把战略“提没了”。因为当所有人都在追求短期利益时，谁还会为未来考虑呢？很多企业比较喜欢用“总额包干制”来考核事业部，这时候事业部可能就不愿意多招人。人招多了，奖金分到手就可能变少了。企业要形成人才与业绩的良性循环，一定要在绩效评价中体现出来，既为公司输送人才，也是对公司中长期利益的巨大贡献。

第四，找到承载单位，留住人才。

做到人才适度“冗余”，如何解决招来的人才留不住的问题？在实践中有几种做法值得大家借鉴。

（1）边打仗边建制。大项目、大市场、出业绩的地方是容纳人才最好的地方。因为有仗打、有事做，人才就不会跑了。把山头攻下，打了大胜仗，就可以把人才分流出去担任更重要的岗位。

（2）“矮子当中挑将军”。在人力资源体系还没有建立起来的企业，就要找到相对会带队伍的领导，让其部门和单位成为输送人才的地方。或者改造一个部门或单位，用它来吸引人才，董事长或 CEO 亲自负责这个部门或单位。

（3）建立和完善相关人力资源体系，用好人才，开发好人才，发展好人才。

（4）把每年校招的管理培训生当成公司级项目，董事长或总裁亲自抓。针对社会招聘的高级人才建立一定“缓冲机制”，加快这些人融入企业中，帮助他们适应企业，精准匹配岗位，发挥其长处。

策略四：依据业务场景，把人才管道做粗做长

人才密度战略的前提是业务战略。前面也谈过人才密度战略的前提，这里再简要强调一下：一是产业整体处于上升期，市场处于较快的扩张阶段，市场规模保持足够的增速，一般以超过 GDP 的增速为判断依据。二是公司所选的业务赛道具有一定宽度，适合“大规模作战”，有足够“山头”可以攻。赛道宽、机会多，人才密度大就没有关系。当然，人才密度增大的同时，必须把这些人才引导到为客户创造价值当中去，引导到去市场建功立业中去。否则，一旦“内耗”，人才流失就比较严重。

在上述业务场景中，如何把人才管道做粗做长？有几个实操办法供参考。

（1）瞄准一个主攻方向，建立多梯队、多梯次人才管道。当一个战略性增长点出现的时候，聚焦资源，采取饱和攻击，配备强于主要竞争对手的资源密度。商场如战场，战术上有相通之处，如通过运动创造出机会，分插包抄造成局部的以多打少，以围歼敌人。商业上这种战术思路的实际应用，就是创造机会窗，比如产品率先上市，或在机会市场或客户方面率先扎根、做透，就能占据先机，获得“红利”。

（2）横向拉通，在相关联的业务领域形成“人才蓄水池”。所谓横向拉通，从企业内部的人才机制来说，形成“一个人在干，旁边有人在虎视眈眈”的人才“冗余”局面，这种激活机制也是非常有效的；从外部来说，营销公司的人才品牌、文化品牌，让五湖四海的人才汇集到公司来；从业务领域来说，虽然我们不鼓励盲目多元化，但聚焦客户价值创造，适度开发相关联的业务新战场，让人才有创造的空间，也是实施人才密度战略的有效举措。

总体而言，面向未来，随着环境巨变，对企业家以及核心团队领导力要求越来越高，人才密度战略靠的就是企业家的自我超越，以及核心团队领导力的突破和提升。

未来五年需要关注的十大人力资源焦点问题

■ 作者 | 彭剑锋

未来五年，既是数字化、智能化加速运用的新时代，也是国家“十四五”规划实施期，中国企业将面临哪些人力资源管理的挑战和问题，又会呈现出怎样的发展趋势？根据我的观察和分析，认为企业应该关注以下十个方面的动态，主动进行变革调整，从管理人才向经营人才转变，寻求人才的高质量发展，真正转向创新驱动、人才驱动企业持续经营。

一、人才的高质量发展与人力资源管理效能提升

未来五年，是中国企业从依靠低成本优势转向高质量发展的关键五年，与此相匹配的是人才的高质量发展，核心在于高品质人才的培养与人力资源的高效能开发、应用。

（一）确立人才发展的长期价值主义

由“以用为本”转向“以长期发展为本”；由追求人才规模到追求人才质量；由追求人才短期有用到长期投入，支撑战略目标的实现。这就需要我们真正加大技术创新与高质量人才投入，制订创新人才与顶尖人才的培养、引进、发展计划，加速高质量人才梯队建设，提升人才量级与人才价值创造能量，提高人力资本对企业增长的贡献度，尤其是创新型人才对企业创新发展的贡献度。

（二）提质增效，提高人均效能，提高人才劳动生产率

当前企业普遍采用的办法，是基于数字化精准选人，精益

化用人。通过优化、调整组织结构，实现“减人增效”，依托优化业务与岗位体系，创新劳动组织方式与工作场景体验来实现“提质增效”。由原来的粗放式人力资源管理过渡到精益化人才管理，剔除所有人力资源浪费，让组织中的每个人都成为价值创造者，并有价值地工作。

（三）创新人才培养与发展模式，提高人才投入产出效能

当前，很多企业都加大了对人才的投入，但问题在于，我们对人才的培训、发展、投入往往与企业经营、业务相背离，很多企业为学习而学习，为培训而培训。所以，我们提出了人才发展的经营者思维，即通过人才培训发展实现经营业绩的提升，让管理改进和变革真实发生，让战略有效落地。此外，企业要借助于数字化、智能化的方式，追求人才培训发展理念与技术方法的创新。

（四）提高人才配置与人才结构效能

中国企业当前面临的问题是，如何加速人力资源的信息化与数字化？我们需要基于大数据，提高人与岗位、人与任务、人与角色的适配性，实现精准和动态配置。尤其要优化人才结构，改变过去人才结构单一化、专业划分过度精细化的局面，真正实现人才的跨界融合。

要达成这样的目标，企业需要两条道路并行：“之字形培养”与“火箭式提拔”并存。经过几十年的人力资源任职资格体系建设，中国企业的人才“之字形培养”方法已经成熟，但问题在于，“之字形培养”强调人才的专业化，使得人才结构相对单一，无法满足现在的产业跨界经营和平台化管理需求。所以，一方面，人才要走“之字形培养”路线，保证大多数人稳定地进行职业发展，同时还要基于企业发

“通过优化、调整组织结构，实现‘减人增效’，依托优化业务与岗位体系，创新劳动组织方式与工作场景体验来实现‘提质增效’。”

展需求大胆地提拔年轻人。人无可避免地会受到生理限制，一般情况下，中老年人在达到创造力峰值后会出现创造力下降，相比较之下，年轻人的确更具开拓精神和创新精神。我们看到一些国有企业，主要领导班子人员基本是五六十岁的中老年人，因为按照“之字形培养”方案，一步步走到领导岗位就到这个岁数了。但在今天这个时代环境下，企业要时刻保持“年轻态”才有可能快速响应变化，所以我一直建议，企业大部分人要按之字形走，但同时一定要有破格提拔，要有“不拘一格用人才”的魄力与速度。

（五）提高人才协同与组织赋能效能，构建基于数字化、平台化的知识共享与协同体系，放大个体人力资源效能

数字化时代强调个体力量与组织力量并行，无论个体力量有多强（如一个网红的销售额可以达到千万元级），也离不开背后的平台支撑、离不开组织的赋能，离不开价值链的协同。因此从整个产业社会的角度来说，要建立人力资源共享平台与人力资源外包服务体系，促进企业实现平台化 + 分布式的人才管理。平台化 + 分布式的人才管理“不求人才所有，但求人才所用”，可以在全球范围内整合技术与人才资源，构建组织资源池及赋能平台，并通过向一线下沉，提高一线的集成资源与综合作战能力。

（六）提高人才创新成果转换效能

当前，企业都在加大人才创新成果的转换效能，不过也发现一些创新成果是为创新而创新的结果，不能真正实现客户化和市场化。而不能实现客户价值的量化，就不能提高人力资源价值创造以及人才创新成果的转换效能。这就需要企业创新人才成果绩效评价与激励体系，大量培养真正面向客户的“技术商人”，推动创新成果的市场化应用与转化，否则，创新型人才难以脱颖而出。

二、人才机制创新与人才灰度管理

“十四五”规划实施期是实现经济动能转换的关键期。动能转换的核心是实现创新驱动，创新驱动的本质是创新人才驱动与人才激活。因此，如何对创新创业人才予以高度关注和精心规划，如何通过机制创新及组织氛围再造，使组织充满活力、创造力，并使创新创业人才脱颖而出，是“十四五”规划实施期人才发展规划的重要内容。

让创新、创业人才脱颖而出，要通过宏观和微观两个层面的努力。

（一）宏观层面

一要呼吁教育体制的深化改革与人才培养方式的创新。中国人才的教育培养体系要从追求人才数量转向适应与产业发展需要的高质量人才培养以及对人才创新精神的培养。

二要呼唤企业家精神以及对企业家精神的保护，包容企业家的偏执与不足。创新精神是企业家精神的核心，有个性几乎是企业家这一群体的普遍特点。在“十四五”规划实施期，如何优化营商环境，体现尊重企业家，允许企业家犯错误，保护企业家精神的制度设计是需要关注的要项。

（二）微观层面（企业层面）

主要是要通过机制创新激发人的价值创造潜能及创造力。人才机制创新主要包括：文化价值观牵引机制、人才评价机制、薪酬激励机制、竞争淘汰机制、信任授权机制、监督廉洁机制等。其核心是责、权、利、能、廉五大抓手，即建立绩效责任担当系统、信任授权体系、利益分配与共享、人才能力发展系统、人才内部监督廉洁五大系统。

人才的活力与创造力来自混沌、来自灰度。人才管理不能“黑白分明”“非善即恶”，因为人的本性并不是如此分明，而是好坏并存、善恶交织，按量子力学来说就是“态叠加”。因此，高层管理者对人才要抱持“灰度管理观”，既要洞察人性，又要善于驾驭矛盾，在混沌中始终把握方向。尤其是要包容准企业家人才与创新人才的个性，包容创新失败，包容干部在改革当中的失误。关于灰度管理，任正非说，“有洁癖的干部当不了领袖”“黑和白永远都是固定的标准，什么时候深灰一点，什么时候浅灰一点？领袖就是要掌握灰度”“在处理犯了错误的干部时，在明处高高地举起拳头，在私下轻轻地放下安抚，既不一棍子打死，也不放任纵容。要对事旗帜鲜明，对人宽容妥协”。

> 人才机制创新主要包括：文化价值观牵引机制、人才评价机制、薪酬激励机制、竞争淘汰机制、信任授权机制、监督廉洁机制等。

三、人才结构优化与人才供应链

企业要进行战略生态化与创新业务发展，需要提前布局人才结构优化与人才供应链建设。

（一）优化人才年龄结构与知识结构

从企业角度看，许多企业经营管理层及核心技术创新骨干队伍的年龄结构老化，需要有计划地培养和破格提拔一批年轻人。前面也说了，既要有“之字形”发展计划，又需要“火箭式”的破格选拔。数字化与智能化时代，是人的认知革命与知识大更新的时代。工业文明积淀下来的企业管理理论理应继承，但数智化时代更加呼唤理论创新。在管理领域，尤其是人力资源管理领域，需要进行新一轮的全员认知与思维革命，进行经营管理与数字化技术知识的大更新。

（二）进行人才跨界组合与融合

随着企业生态化战略的实施，企业的业务在跨界、组织在跨界，因此，人才的跨界组合与融合将成为一种新趋势。对此，企业既要重视人才在内部的跨界、融合，也需要以开放、共享的思维进行“企业人才社会化，社会人才企业化”的建设工作，打开人才流动通道，助力人才充分进行价值创造。

（三）人才新能力发展

“十四五”是人才新能力发展的时期，包括基于价值观的新领导力发展，赋能式新管理技能，基于数字化的新职业技能如何开发和发展，也是人才发展要关注的问题。同时要关注人才结构与产业发展要求的匹配度，人才成长速度与企业发展要求的匹配度，人才能力发展与产业发展升级以及新兴产业发展的匹配度等问题。

（四）建设柔性人才供应链

“十四五”规划实施期，整个社会的人才供给和需求之间的矛盾可能更加突出。对于企业来说，会形成紧缺与富余共存的突出矛盾，因此，建设柔性人才供应链迫在眉睫。人才供应链要解决三个问题。一是解决内部人才供给，解决人才招聘、人才培养、人才盘点与战略需求分析、人才培训与新能力规划

的问题；二是解决人员的冗余或流失问题，包括人才的竞争淘汰及退出机制，核心人才的激励及保留机制与策略等；三是解决核心人才培养和引进问题。当然，对核心人才的定义既需要根据企业的“十四五”发展战略，又要兼顾在平台化与网状结构的新组织中，如何激活全员，让小人物成就大事业，让天才创造卓越绩效的需求。

需要指出的是，企业的核心人才队伍并不是一旦建立就经久不变，而是需要动态调整和迭代规划的。

四、混合所有制改革深化与国企人才机制创新

国企的人才机制创新，核心还是市场化的人才选拔与人才配置。需要建立贡献导向的价值评价和价值分配政策，在企业内部形成优胜劣汰、奖勤罚懒、多劳多得的高绩效文化，真正实现“能者上、平者让、庸者下”的市场化人才流动机制。

通过加速混合所有制改革将有利于国企加速人才的市场化，不过，混合所有制经济也将带来新的人力资源管理问题。如：加速国企人才的市场化配置进度；混合所有制改革中的人才融合、文化融合问题；如何真正把国企的品牌优势、资金优势与民营企业的人才市场化机制有效地结合起来，而不是相互取代；混合所有制治理下的领导力升级与领导团队建设，等等。

五、人才的长期激励与人才服务的客户化、产品化

人才的长期激励与人才发展是解决企业的动力机制问题。在创新驱动、人才驱动的发展动力转换趋势下，企业的动力机制就是建立核心的人才队伍，并使之能持续为企业做出贡献。因此，基于人才发展的长期激励机制是建设人才队伍的核心，包括股权激励、利润分享与合伙机制等。

贯彻人才的长期价值主义，需要企业进行两方面的思维创新：一是如何把人才当成客户，以客户为中心创新人力资源产

品与服务，使之上能满足企业战略转型与业务发展需要，下能满足人才多层次、多样化、个性化的需求，从而提升企业的人力资源竞争力。二是人才服务的客户化、产品化思维；要加大对人力资源产品与服务的研发投入，更要加大对人才的长期激励，真正确立人才与企业的合作伙伴关系，长期合作、共同发展、共创共享的机制建设，从而提高人力资源产品与服务的交付水平、交付质量与交付体验。

六、组织与人的关系重构与新型劳动契约关系构建

首先，在数字化、智能化时代，随着知识型员工成为企业价值创造的主体，人力资本成为企业价值创造的主导要素，人力资本具有剩余价值索取权、企业经营参与权和知情权，这就改变了人力资本与货币资本的单一的雇佣与被雇佣关系，而是走向了一种多重的相互雇佣的合作伙伴关系。

其次，随着共享经济与组织平台化的深入，许多个体知识劳动者不再受雇于某一个组织，而是同时为多家企业提供服务，具有多角色、多重契约关系，尤其是一些如网络主播、网约司机、外卖送货员等新型职业与平台型组织之间不再是传统的正式契约劳动关系，而是泛契约的新型劳动关系。

最后，企业的用工形式走向多样化，灵活用工，盈余时间用工，在家上班，灵活上班，创新协同生态平台，数字化工作协同，业务外包等形式，对传统的组织与人的契约和劳动关系提出了全新挑战，并要求人力资源从政策上和策略上做出恰当的设计和安排。

七、人才数字化运营与人工智能替代

当前，人才运营的数字化与人工智能替代进入加速应用时代，大部分企业已经将其纳入核心战略。这里面就包括了业务活动与人才价值创造活动的数字化，人才工作场景设计与体验数字化，人才配置与协同数字化，人才价值评价与管理数字化，

人才发展与组织赋能数字化，人才决策与洞察大数据化。预计未来5~10年，大量体力劳动、重复性知识劳动将被人工智能替代。企业要洞见这一趋势，培养和储备数字化人才，推动数字化的转型升级，加大数字化人力资源平台构建和大数据人力资源的决策与洞察，研究数智化工作场景下如何激发人的创造性、主动性，让人才大数据管理有温度，有良好体验，有人文关怀。

> 打造全力创造价值、科学客观评价价值、合理分配价值三位一体的价值管理循环系统是未来五年人力资源管理工作的核心内容。

八、人力资本价值核算与人才价值链管理循环

未来，人才价值创造的过程与成果全部可以进行数字化衡量、数字化表达、数字化呈现，除少量创新性工作外，人的价值创造过程及成果可以精确计算到每一流程节点、每一分钟，人才的协同合作价值可积分、可虚拟货币交易，人力资源职能部门要认识到，人力资本价值核算将成为未来人力资源管理工作的核心任务与核心技术。

同时，打造全力创造价值、科学客观评价价值、合理分配价值三位一体的价值管理循环系统是未来五年人力资源管理工作的核心内容。在数字化时代，价值评价的内涵将更为丰富，应该包括四大价值评价：岗位价值与角色任务价值、价值观与信用价值、潜能与现实能力价值、绩效与贡献价值。四大价值评价将作为价值分配的客观依据。如何进行人力资本价值核算与人才价值链管理循环，是“十四五”规划实施期应重点关注的内容。

九、基于价值观的新领导力发展与干部队伍建设

在数智化时代，中国企业转型升级的最大瓶颈和障碍来自观念、认知与思维方式的滞后，来自企业家及高层对转型升级没有正确的价值立场，对转型升级没有完成系统思考，没有达

成战略共识，导致转型升级只停留于概念，变革领导力不足，难以系统落地。

事实上，中国企业发展到今天，价值观缺失是中国企业和企业家最大的缺失，基于价值观的领导力不足是最大的瓶颈和障碍。很多互联网公司还在研发“精神鸦片”的不良游戏，还在为假冒伪劣产品提供平台，因此，其利润的来源并不是真正的客户价值。而企业唯有回归客户价值，才能真正持续地成长，并得到社会的尊重。因此，企业要坚持长期价值主义与顶层设计，其核心是企业家及高层团队的认知革命、思维转型与能力升级，要进行基于数字化的新领导力发展计划，抓干部队伍建设与干部能力建设，强调干部的使命、责任和能力。

十、人才要素的社会化与人才生态化布局

未来，企业要适应产业生态化的要求，人才也要社会化共享、生态化布局，致力于打造人才生态优势。人才要素的社会化，一方面是企业可以从社会上攫取所需要的人才，另一方面是企业的人才也能向社会开放，被社会所用，实现人才共享。

当然，人才要素的社会化、生态化对人才能力和企业管理能力都提出了新的要求。一方面，既对人才的专业化程度要求高，又要求“一专多能”，需要大量复合式人才。另一方面，当人才社会化以后，其价值诉求不同了，工作方式与协同方式也会变得不一样了，企业怎样利用好社会化人才，怎样与之建立新型劳动关系，这些都是亟须解决的问题。

无论如何，人才要素的社会化、生态化已经成为一种发展趋势，要关注人才服务业与企业的协同发展问题，企业的人力资源和外部服务业的人力资源生态之间如何互动的问题。

（本文根据彭剑锋教授在人大校友会人力资源分会成立大会上的讲话整理编辑，原发于“E 洞察”公众号。整理 / 编辑：李泽慧，此处有编改）

以能力为基础的任职资格标准开发

■ 作者｜韦淑蓉 周 磊

企业要想搭建自身的人才体系，人才战略规划、人才标准、人才培养、人才发展联动机制不可或缺。任职资格标准是基于能力的人力资源管理基础，其构建过程将全方位考虑这些要素，明确人才标准，传导公司战略，打通价值体系，能者能上，庸者可下，牵引员工与企业同步发展。

结合本公司实践，笔者试着分享任职资格标准开发中的一些经验与心得。

一、把握任职资格标准开发的三项“基本原则”

（一）任职资格标准开发一定要根据企业实际

“取势、明道、优术”，任职资格体系本质上是一套符合公司战略和业务发展要求的人力资源能力发展体系，是蕴含企业差异化发展布局的人才评价体系，能够牵引员工的意愿能力和企业同步发展。故此，任职资格体系开发一定是立足于企业未来战略方向、业务模式、流程以及员工行为所构建出的能力系统。

（二）任职资格标准开发遵循公平客观、可量化、多维度的原则

标准开发要尽可能减少主观化、泛化、单一化，否则难以服众，不患寡而患不均。按照公平、客观、可量化、多维度的原则设计，以公允、清晰、客观的标准表明什么是人才，做到

哪些关键项才能是符合企业发展的人才。

（三）任职资格标准开发的系统性耦合

任职资格体系的有效运行，离不开企业流程化管理、计划管理、培训管理等体系的有效支撑。同时将基于能力的任职资格体系与企业人力资源管理的其他系统相互联动，构建以能力为基础的人力资源体系，可有效打通企业价值创造、价值评价、价值分配体系。

二、基于传统经典模式创新，使任职资格标准更精准实用

（一）传统任职资格的四项标准

传统的任职资格标准通常划分为行为标准、知识标准、技能标准、经验成果四个模块。

· 行为标准是胜任职位的关键工作步骤，是通过对整体工作过程的分析、总结，归纳得出的产生高绩效所需要具备的关键行为。

· 知识标准是胜任职位工作所必须具备的知识，包括专业知识、通用知识和基础知识。主要通过考试、提问、演讲等方式评价。

· 技能标准是指胜任职位工作所必须具备的技能，包括专业技能和通用技能。主要通过考试、提问、行为观察、360 度评价等方式评价。

· 经验成果主要分为经验及专业成果两个部分。经验是指该资格等级的人员在专业领域工作的时间长短和参与、承担的专业活动、项目等，专业成果指从事专业工作取得的工作业绩和工作成果，或达成的具体目标。

（二）任职资格实用标准开发

传统任职资格标准模型作为通用模型，是很经典的，但在落地实践中存在精准性不足的问题，主观评价较多、落地实操较为

困难。比如三级责任意识指“有一定的责任心”，四级责任意识指“有较强的责任心”。怎么样区分“一定”与“较强”？什么样的行为体现出“一定”、什么样的行为体出“较强”？等等。

为了更好地兼顾企业实际认证过程中的高效清晰，真正通过可量化、可评价、客观公允的标准体现能力差异，我们在操作实践中，探索在传统模型上进行创新，将知识标准和技能标准合并为知识技能；将行为标准进一步分析，提炼出各层级的关键能力项，作为制订专业经验的主要依据；同时将经验成果拆分为基本条件、专业成果；根据企业人才发展的管理导向，增添人才培养模块。从而将任职资格标准划分为四部分：基本条件、知识技能、专业经验及成果和人才培养（见图 1）。

（三）依据本企业实际的任职资格标准解析

基于本企业实际的任职资格标准也分为四部分：基本条件、知识技能、专业经验及成果和人才培养。

1. 基本条件

基本条件主要包括工龄、学历学位、职称、绩效、资质证书等。学历、工龄等在本模块只做基本要求，门槛较低，重点还是以经验成果来区分人才。

针对不同等级要求的基本条件有所差异，其中要注意两点。

· 绩效要求在各职层进行区分。在大多数企业中，普遍存

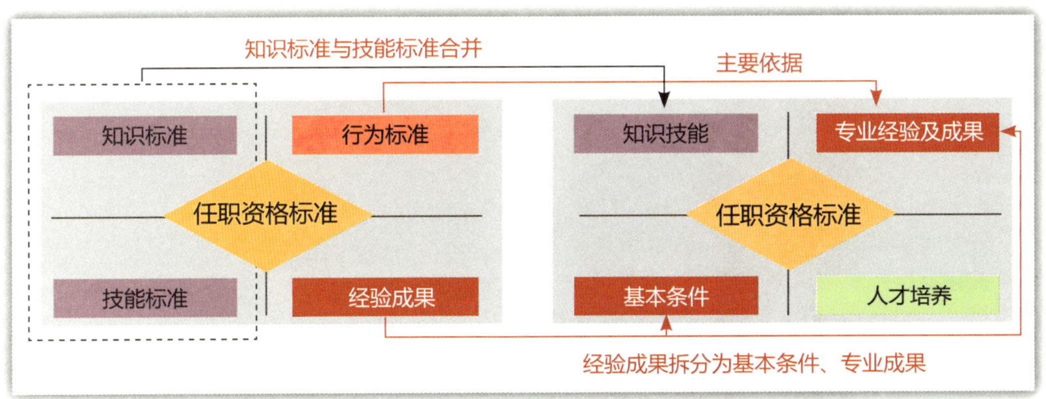

图 1 传统任职资格标准（左）与依据本企业实际的任职资格标准（右）

在资深老员工绩效评分较高，新员工评分较低的情况。如果拿同样的绩效评分作为所有职层晋升的必要条件，对于新员工相对不公平。故绩效评分在低职层的要求比高职层的要求低一些，更符合企业人员发展现状。

· 资质证书仅对研发、建筑等对专业能力有一定基础要求的职种适用。

2. 知识技能

知识技能是胜任职位工作所必须具备的专业知识、行业知识、专业技能及通用技能等。

对于管理规范的成熟企业，可通过考试、实操的形式对其进行检验。对于发展期企业，考试和实操的认证方式管理成本较高，本文建议可与企业培训相关联，对每一层级设置专业的必修课和相关的选修课，修满相应的学分并通过随堂测试，即通过该层级的知识技能标准认证。

值得注意的是，对于高层级的管理人才，专业经验比较丰富，培训课程可偏向于本专业体系化课程和通用管理技巧。

3. 专业经验及成果

专业经验及成果是标准开发的重点，分为总结关键能力项和开发专业经验的具体标准。

总结不同资格等级的人员在其专业领域的关键能力项，以此分析需要具备的专业经验（见图 2）。专业经验遵循客观、可量化、多维度的原则。

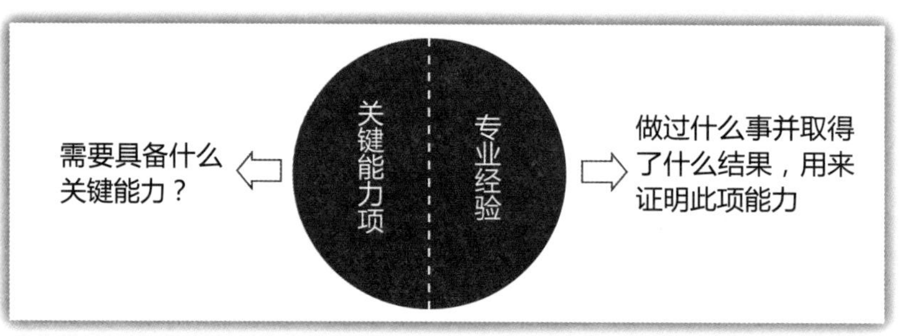

图 2　专业经验及成果

（1）总结关键能力项。

从行为要项出发，结合部门职责、职位说明书、流程分析、部门计划等内容，分析得出各资格等级的关键行为标准，并进一步总结出各等级区别于其他等级的关键能力项。

比如，对于研发人员，模块开发是各职层必备的能力，故在低层级要求其模块开发能力。中高层级的人员也需要具备模块开发能力，但在其晋升过程中，已于低层级进行要求，能从低层级晋升到中高层级的人员必然具备模块开发能力，故在中高层级不再要求模块开发能力，而要求更高水平的系统开发能力即可。

还是以研发人员为例，中低层级研发人员主要从事具体的研发工作，故在开发中低层级关键能力项时，应强调其开发和研究能力；高层级研发人员在研发的基础上，应更多投入到专业方向规划、顶层设计、体系建设方面的工作，故在高层级研发人员的关键能力项开发时，应强调这些方面的相关能力，以此来区分中低层级、高层级的能力差异。

（2）开发专业经验的具体标准。

总结出各等级的关键能力项后，需要开发具体的专业经验，即做了什么事情，并取得了什么结果，能够证明具备这些关键能力。

在开发专业经验时，要遵循可量化、可评价、多维度的原则。

· 可量化、可评价是指尽可能避免主观评价，通过定量、客观的形式进行表述。

· 多维度是指建议从多个维度进行表述，通过角色、难度、数量、结果等方面共同约束，以提升评价的准确度。

案例

大型模块开发能力——作为模块开发负责人（角色）每年组织开发1个（数量）大型（难度）模块，并得到推广应用（结果）。

项目管理能力——作为项目经理（角色）每年至少主持2个（数量）省级（难度）项目，并按期通过验收（结果）。

专业成果，即各资格等级要求的专业成果、奖项等，一般包括论文论著、专利、国家标准、行业标准、企业标准、科技奖励、新产品认定、成果鉴定、协会任职、人才称号或其他荣誉等。本项视具体职种而定。研发、设计类的职种在部分层级可做要求，若为管理类职种该项可不做要求。

4. 人才培养

为了促进企业人才的持续发展，本文特将人才培养作为任职资格的重要组成部分，传递人才导向的管理理念。

人才培养通常分为人员培养和培训授课。

人员培养，即老带新，由资历丰富的老员工指导经验较浅的员工，使其快速成长。多数企业实行的导师制即属于人员培养的一种方式，在企业实践中有两点值得注意。

· 多数企业只对校招的新员工进行体系化的培养，忽略了工作 3~5 年的员工的发展问题。他们在基础工作上已经得心应手，但在面对更高难度的工作和挑战时，也会存在困惑，需要一定的指导，进而完善企业的人才后备梯队。

· 人员培养时尽量跨等级培养。若等级较为接近，可能会出现“老人”为避免“教会徒弟，饿死师傅”的情况在人员培养时有所保留，无法起到应有的效果。

培训授课，即开发相关课程，在部门、公司、集团等层级进行公开授课。

三、任职资格标准落地实操的注意事项

细节往往关乎成败。结合本企业的实践，我们总结出在任职资格标准落地操作中，要注意的事项。

（1）新进员工或转岗员工应有 1~2 年的过渡期，过渡期结

束后再进行资格评定。

（2）任职资格每 1~2 年应评定一次，无法晋升的人员也要进行保级认定，若无法保级，即调整至低一等级，进而实现人才的能升能降。

（3）对于特别优秀的人才，经过审批可允许跨等级晋升。

（4）任职资格标准总结的是职种内相对通用的标准，若有专攻某一专业方向的专才，可不适用本套标准。

（5）通过经验成果的量化评价来区分人才时，与同样考核结果的绩效评价相似，但两者的评价重点不同：任职资格标准评价的是各等级人员是否能够做到这些事，是 0 和 1 的关系，而绩效评价的是各等级人员做这些事的优劣，是 1 到 10 的关系，在标准开发时应注意进行区分。

（6）实施任职资格标准，建议引进记录日常工作的信息化系统，一方面可降低任职资格标准认证的工作量，另一方面工作留痕便于调取相关材料，为业务规划、绩效评价、评奖评优等提供依据。

（7）本文设计的任职资格标准强调可量化、可评价，对于管理类、操作类无法通过定量、客观的经验成果来评价的，可收紧基本条件的要求，以工龄、职称、绩效积分等方面作为各等级资格评价的关键要素。

（作者单位为南瑞集团有限公司）

阅读与思考

CHINA STONE

二次创业，对职业经理人来讲，就是一次创业，对创业者老板来讲，才是二次创业。老板没有别的选择，必须再接再厉，依靠理性规则，缔造一个百年企业。开句玩笑，就是自己挖个坑，把自己埋了。

——包　政

企业家思想

我想跟大家讲我常思考的三个常理，就是务实主义、专业主义和长期主义。

——宋志平

历练 50 年以上才有可能成为伟大企业

——宋志平跨年演讲：按着常理做企业

■ 作者 | 宋志平　中国上市公司协会会长、中国企业改革与发展研究会会长

记得去年（指 2019 年。——编者注）的年会上，专家讲到有四只黑天鹅向我们飞来，当时真的不知道，有一只特别大的黑天鹅，就是新冠肺炎疫情正在向我们飞来。

世事无常，真的有太多的变化，太多的不确定性，我们总在曲曲折折中前进。

对 2021 年，我们做企业的人都充满了期待，但究竟应该用什么样的想法、心态做企业？我想还是回到一些简单的道理上，还是要像过去一样，要循着规律做企业。因为任何创新都离不开规律，都是符合规律的。

用过去成功的、那些经过验证的道理做企业至关重要。环境可以变化，技术可以创新，但是做企业的基本原理却还在那里。

我想跟大家讲我常思考的三个常理，就是务实主义、专业主义和长期主义。

务实主义

第一个常理是务实主义。

务实主义是中国文化的传统，中国人是非常务实的，中国的企业家是非常务实的一群人。为什么改革开放之后中国经济能够快速崛起，为什么中国的企业能够快速发展，这取决于我们中国人务实的精神。

什么叫务实？“摸着石头过河”是务实主义，“不管黑猫白猫，能捉老鼠的就是好猫”，也是务实主义。

（一）做企业不能靠高谈阔论

做企业其实就是要扎扎实实、一步一步地探索，逐渐找到规律，扎扎实实做事。做企业光靠高谈阔论没用，最根本的是要做出好的产品，提供好的服务，最后有良好的经济效益。我总说，大家都去高谈阔论，晚饭谁管呢？这是我们企业家要牢记的。

（二）做事情要从点滴细微处做起

过去这些年，我做了两个世界 500 强企业，但是 30 年前我做北新建材厂长的时候，最初是从要求大家做好卫生这样最基础的管理开始的，因为如果企业连卫生都做不好，又怎么能做好产品呢？所以那时我带领大家打扫卫生。

有年轻干部跟我说，宋总，我们为什么总去打扫卫生呢？我们要不要做点大的事情呢？我说，一屋不扫，何以扫天下，还是先把卫生打扫好吧。过去 30 年，无论我做哪个公司的董事长，都要求大家把卫生打扫好。其实，这不仅是打扫卫生的事情，而是我们做事情要从点点滴滴、细微处做起的一种务实精神。

（三）干部要对数字倒背如流

我做企业时还重视一点，就是数字化训练。我要求基层企业的领导人必须对企业经营数字倒背如流，对经营的 KPI 要倒背如流。

我做中国建材的董事长 18 年，每个月的月度办公会上，业务板块的干部都要报数，就是企业经营的 KPI 关键指标，大家对自己企业的这些数字要倒背如流，我觉得这些非常重要。

（四）心无旁骛，仰望星空交给天文学家

做企业，我们要种好自己的一亩三分地。有年轻人跟我说，宋总，我们应该仰望星空。我说，仰望星空的事还是让天文学家去做吧，我们的任务是把他们望远镜玻璃片的质量做好，这是我们的本分。

习近平总书记说，做实体经济，要实实在在、心无旁骛地做一个主业，这是本分。我们做企业就是要心无旁骛，干好自己的活儿，做好自己企业的事。

有时候大家说企业家有冒险的精神，我说企业家不必一定要冒险，企业家是创造财富的人，企业家的任务是创新并创造财富，企业家的任务是要规避风险。有人说创新是想入非非，我说创新是我们有目的地寻找机遇的过程。**创新必须要有效，创新必须有目的，创新不是兴趣小组，不是灵光乍现，而是一个踏踏实实的过程。**

（五）要有武功秘籍——工法

我很赞成做企业要把自己的事情做好，我不大给大家讲很多的理论，我比较重视企业的方法论，就是怎么能把企业做好的工法。

日本企业不大喜欢讲管理理论，但是大家看，日本企业比较突出的是什么？是现场管理一些工法，像 5S、看板管理、零库存等这些，这叫管理十八法，日本企业把它做到了极致。把企业管理做到了极致，把质量和服务做到了极致。

我在中国建材那么多年也是这么做的。在企业里面，我也有武功秘籍，八大工法、六星企业、三精管理、格子化管控、五有干部，等等，制订了不少方法。这些方法让每个职工都要掌握，反复修炼，把企业做好。我称这些是武功秘籍，做企业要扎扎实实练好手头的功夫。

（六）做企业一定要聚焦

做企业的四个聚焦，聚焦战略、聚焦经营、聚焦资本、聚焦现金流。

> 做企业的四个聚焦，聚焦战略、聚焦经营、聚焦资本、聚焦现金流。

聚焦战略，到底做什么不做什么，这需要认真选择。

聚焦经营，我们必须努力赚到钱，要有经营效益。

聚焦资本，企业要和资本对接，争得资本对企业的支持。在“十四五”规划实施期，我们要加大直接投资的比重，加大资本的投入。对每个企业而言，也要积极对接资本。

正和岛的会员有不少上市公司，也有不少企业正在准备上市的过程中，也正在和资本对接，即便不上市，也可以获得一些股权基金、私募基金的支持。

聚焦现金流，因为现金流是企业的血液。过去一年里，确实有一些企业倒下了，但是倒下的这些企业绝大部分是现金流出了问题。**企业要追求有利润的收入，追求有现金流的利润，这也是非常重要的。**

专业主义

（一）出了问题的上市公司，多是偏离主业

第二个常理是专业主义。我本人是专业主义者。

做建材和国药的时候，建材只做建材，国药只做药，不敢越雷池一步。因为我知道，离开专业我们可能知道得有限，不能总听人讲故事，那些讲故事的人大多是业余的，他们的故事也只是科普水平，我们还是要集中精力把自己的专业做好。

我比较欣赏德国的赫尔曼·西蒙（Hermann Simon）倡导的隐形冠军，就是窄而深地做企业，把这个行业能够做到极致。他举的例子，德国一个做狗链子的公司，市场占有率在全球占到70%。

我们国家现在这种隐形冠军也在大量崛起。正和岛“岛亲”的企业里也有不少隐形冠军，我觉得这非常好。专业化和多元化，对于绝大多数企业来讲还是要专业化，只有少部分企业可以做多元化。

我做中国上市公司协会会长已经一年半了，看那些出了问题的上市公司，绝大部分的问题都出在偏离主业、盲目扩张上。

（二）做好细分市场

我为什么再三跟大家讲专业主义？因为我们企业的能力有限，我们人的精力也有限，我们财力也有限，我们能否把一件事情做好？所以要心无旁骛地做好主业。

再有，要细分市场，因为任何行业在市场经济情况下都会出现过剩，尤其在疫情下，在经济下行情况下，过剩行业怎么办？是不是大家都要转行？

我有时候说，企业转型不是转行，转型是指在这个企业和行业里，我们用持续创新来提升企业的水平，从中低端迈向中高端。

要细分市场。法国人面包做得好，法国面粉有100多种。日本人水泥做得好，日本水泥有100多种。细分这个市场，也能够取得良好的效益。做企业还是要扎扎实实做好我们的专业。

做企业，尤其要重视核心业务、核心专长、核心市场、核心客户。

长期主义

第三个常理是长期主义。

最近讲长期主义的比较多，我也是长期主义者。

（一）做企业是件苦差事，坚守最难

做企业不可能三下五除二，做企业不可能马到成功，马到了也不一定会成功。做企业需要一个漫长的过程，做企业真的是一件苦差事，是个不容易的工作，所以我希望大家做企业要坚守。

> 企业家精神，我认为是创新、坚守和责任这三点。

企业家精神，我认为是创新、坚守和责任这三点。坚守是最不容易的，做好一个企业可能需要 10~20 年的时间。如果你想做到极致，可能需要 30~40 年的时间。

大家有时候问我说是怎么算出来的？我说这不是算出来的，是做出来的。中国建材集团旗下的好企业，像北新建材、中国巨石都做了 40 多年的时间，才做成了一家不错的企业。

（二）伟大的企业要历练 50 年以上

北大的刘俏老师写了本书，《从大到伟大》。他认为一个能称为伟大的企业，必须要有 50 年以上的历练，短时间成功不能称为伟大的企业。因为不知道后面有多少风险等着，像疫情这样的风险，像国际贸易摩擦这样的风险，不知道你能否渡过。你经得住历史的考验、长期的磨炼，你才有可能成为伟大的企业。

距离伟大的企业，我们的企业还有很长的路要走，因为我们大多数企业还没有历练 50 年的时间。做企业，我们都要有这样的心理准备。正和岛的岛亲们都是有情怀的企业家，但是大家要知道，我们做企业这个选择是充满坎坷、奋斗的道路，要把它坚守下去才会终成正果。

（三）一生做好一件事

我一直讲，一生要做好一件事，当然我不反对一生做好好几件事。对我来讲，一生把一件事做好就不错了。我做 40 年企业，做了两个 500 强，开始也没有这样的目标。

我做中国建材的时候，当时公司只有 20 亿元的收入，去年退休的时候有将近 4000 亿元的收入，但是这经历了 18 年。在开始的时候，我并没有做世界 500 强的目标，只是知道扎扎实实地做。

2011 年中国建材进入世界 500 强的时候，我正在出差的路上。同事打电话告诉我集团进入世界 500 强，排在第 485 位，我才知道这个消息。在国药也是这样，我在国药的五年，国药的营业收入从 300 多亿元到 2500 亿元，去年再到 4900 亿元。2013 年它进入世界 500 强，也是出乎我的意料。

这些事情都是扎扎实实一步一步做出来的，我没有什么远大的目标，而是千里之行，始于足下，一步一步地去做。

有时候，大家也让我交流交流经验，我真的没有那么多想法，就是扎扎实实地做事，干一行爱一行，而且长期去做。

做企业，是一个苦差事，是久久为功的事业。

（四）中国的事业是企业

昨天我遇到一位企业家，我问了他三个问题。第一个问题，我说如果让你再选择一次，你还愿不愿意做企业家呢？第二个问题，从未来看，你愿不愿意一生当中坚守做好企业呢？第三个问题，你愿不愿意让你的子女再做企业呢？这三个问题也是我经常问自己的问题，也是对我们企业家的终极拷问。

做企业确实要长期坚守，要当作终生的事业来做，不懈怠，更不能逃避。遇到困难，要勇于面对。今后可能还会有类似这次疫情的困难等待我们。

过去做企业讲得比较多的是情商、智商，这一年我们讲得多的是逆商，这是指困难面前大家有没有能力面对。在企业成功的因素中，情商、智商只占 30%，逆商可能占到 70%，今后不光是重视情商、重视智商，我们最重要的是要有逆商，做企业要有长期打算，要准备应付各种困难。

中国要有一流的经济学家、一流的科学家、一流的军事家，也需要一流的企业家。如果没有企业家创造财富，没有企业家制造精良的产品，其他可能都谈不到。所以我们有这么多的人做企业家，是非常重要的事情。

美国有句名言，美国的事业是企业，其实，中国的事业也是企业，但企业要靠企业家带领才能做好。

（本文来源于正和岛，ID：zhenghedao）

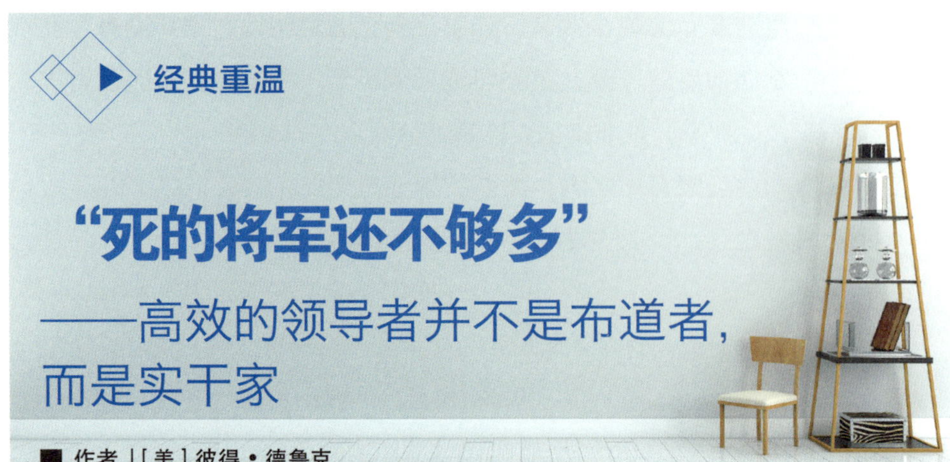

"死的将军还不够多"
——高效的领导者并不是布道者，而是实干家

■ 作者 | [美] 彼得·德鲁克

我在各种各样的组织中工作了至少 50 年：在大学里当过教师、行政人员，在公司里做过顾问、董事，还做过志愿者。在这些年里，我和几十位，甚至上百位的领导者交谈过，内容涉及他们的角色、目标以及业绩。与我合作过的企业有制造业的巨头，也有很小的公司；有全球性的组织，也有某个小镇上由数个重度残疾的孩子组成的组织。在这些组织里，我既碰到过聪明绝顶的领导者，也遇到过浑噩无能的管理者；有经常将领导力挂在嘴边的人，也有从来不认为自己是领导者，也很少谈起领导力的人。而我从中所获得的东西是再明确不过的了。

01

世界上可能有天生的领导者，但是可以依赖天资的人实在是太少了。领导力应该是学来的，也是可以学到的。

所谓的"领导性格""领导风格""领导特质"之类的东西是不存在的。在这半个世纪里，我遇到过的、合作过的最有效率的领导者中，有的整天将自己关在办公室里，有的却过于喜好社交；有的是“老好人”（尽管不是很多），有的则恪守纪律；有的冲动冒进，有的三思而后行；有的平易近人，有的即使与人合作了多年也还是很疏远，不仅是对我这个外人，对组织中的其他成员亦是如此；有的一见面就谈起他们的家庭，有的却只字不提工作以外的事情。

有的领导者非常自大，但这并不影响他们的成就［就像麦克阿瑟（Douglas MacArthur）将军，由于他的狂妄自大，最终导致他职业生涯的终结，但这并没有影响到他的成功］；有的领导者在错误面前常自我批评，这同样也没有影响到他们的成功［就像乔治·马歇尔（George Marshall）将军和哈里·杜鲁门（Harry Truman）总统］，有的领导者深居简出，像沙漠中的隐者；有的却爱炫耀、爱享乐，抓住一切机会大搞排场；有的领导者是好的听众，有的则喜欢聆听自己内心的声音。

不管是哪种，我遇到的成功者唯一共同的性格特征就是他们很少有或者根本就没有超凡的魅力，并且也很少去运用它或者它所意味着的东西。

02

所有我遇到过的高效的领导者，都懂得简单的四点。

① 领导者的唯一定义是有下属的人。他们有的人是思考者，有的人是预言家。而这两个角色都是重要的且是必需的。没有下属就不能称其为领导者。

② 高效的领导者，并不是受大家爱戴和尊敬的人，而是让下属做正确事情的人。有人缘并不表示有领导力，卓有成效才是拥有领导力的证明。

③ 领导者总是视线关注的焦点，因此他们会以身作则。

④ 领导力不是头衔、特权、职位和金钱，而是责任。

03

尽管领导者的性格、风格、能力和兴趣截然不同，但是高效的领导者的表现却大同小异。

· 他们着手办事情前首先问的问题不是“我要什么？”而是“我要做什么？”

· 然后他们会问“我‘能’并且‘应该’怎么做才能有所不同？”这就要求领导者所做的事情是必要的，同时又是符合他们的特长和效率最高的方式。

· 他们总是会问：“组织的使命和目标是什么？构成组织绩效与成果的因素有哪些？”

· 他们对各种类型的员工采取高度包容的态度，而不是一味寻求自己的克隆。他们甚至很少会问：“我喜不喜欢这个人？”而完全是友好地包容一个人的成绩、标准和价值观。

· 他们不害怕员工中有人强过自己，反而是引以为荣。不管他们是否听过安德鲁·卡内基（Andrew Carnegie）的故事，他们的座右铭与卡内基希望刻在他墓碑上的内容是一致的：“这里长眠着一个人，他知道如何在其事业中起用比自己更好的人。”

· 不管怎样，他们对自己进行“镜子测试”（mirror test），以确保每天早上自己在镜子里见到的人是他们希望成为、尊重或信任的人。他们用这种方法来抵御对领导者最大的诱惑——做讨好人的事而不是正确的事，以及做卑鄙的、不诚实的事。

04

高效的领导者并不是布道者，而是实干家。

20 世纪 20 年代中期，在我上高中的最后一年里，大量关于“一战”及其战役的书籍突然出现在英国、法国和德国。我的历史老师是“一战”时的一名受伤老兵，他要求我们选其中的几本来仔细研读，并就我们选的书写一篇论文。当我们后来在课堂上讨论这些论文的时候，有一位同学说：“每本书都说第一次世界大战是一场军事上不完全的战争，为什么？”老师不假思索地回答道：“因为死的将军还不够多，他们总是躲在战线后方让别人去冲锋陷阵。”

高效的领导者会将许多事情授权给他人去完成，他们必须这么做，否则就会淹没在琐事当中。但他们不会把只有自己才能出色完成的事情、只有自己才能做得与众不同的事情、只有自己才能树立标准的事情，以及他们希望被别人记住的事情假他人之手。

不管你所在的组织是哪种性质都是如此。你可以从所有的组织中学习领导力，不管是公共的、私营的还是非营利性质的。很多人没有意识到这一点，在美国，领导工作数量最集中的是在非营利机构和社会部门（Social Sector）。

……

我希望每一位读者都扪心自问：“我在我的组织里应该做些什么才能真正与众不同？我如何才能真正以身作则？”

（本文摘选自《未来的领导者（德鲁克纪念版）》，中国人民大学出版社，2006.1。本文为德鲁克为本书所做的序言）

对于一个组织来说，要想灵活地运转，那么权利不应该仅仅从职位中获取。

草根领导

作者 |[美]萨莉·赫尔格森

01

近年来，有关领导力的研究很多都是建立在一个未曾言明的假设的基础之上。**这个假设就是：领导者之所以成为领导者，是因为他们的职位是领导者。**

研究者认为，研究领导问题的基础是上述这个假设，并在此基础上开展研究，而这得到了大众传媒的赞成和支持。《财富》（*Fortune*）和《商业周刊》（*Business Week*）上刊登了众多关于美国备受瞩目的高级经理人及他们所就职的公司的文章。**这些文章往往将一个机构的管理水平和它的首席执行官的领导力水平等同起来。**

我们可以理解这种做法，但也必须看到这样做有一定的消极性和独断性。**之所以消极，是因为这样肆意夸大了领导者的作用，会致使组织内部出现"不是英雄就是懒虫"的综合征，这种做法实际上也是在忽视和贬低其他层级的员工对组织所做的贡献。**你可以在最近十几年特别流行的一些口号中看出这种态度，尽管在很多正式的场合，组织常常会用"员工是我们最大的财富"这种听上去既谦虚又真诚的话来安抚其员工，否认自己持有上述态度。明显地反映出这种态度的口号，如"领导、跟随或闪开"，以及更为直截了当的"除非你是领头羊，否则前景和观点永远不会改变”。

但事实上绝大多数员工当然不可能成为他们组织中的“领头羊”，毕竟高层领导岗位相对来说是很有限的。因此把领导能力和领导位置画上等号，必然会使处在其他层级的员工产生挫折感或者感到愤愤不平，会让他们缺乏对企业的主人翁感和对企业的责任感。

02

在领导力和职权之间画的这个等号也揭示了有关组织性质和形式的各种假设正在迅速地变得陈旧过时。显然，这个等号也不能将彼得·德鲁克称为知识型组织的机构所具有的分散的、有机的构造模式反映出来。而知识型组织正是正在形成的主导组织模式。

德鲁克发现，现代组织用来提高生产率的知识从概念上讲是被广泛分布在组织中的。这些知识不再只被组织高端的“领头羊”拥有，也被那些在工业化时代被我们称为“草根”的普通基层员工所掌握。

现在的员工已不再只是重复简单劳动的、可随时被取代的符号代码。在知识型组织当中，他们都是知识型的员工，他们拥有不同的专业技术，各有自己的专长，而这一切都是企业持续发展所必需的。

而且，这些“草根”阶层的普通基层员工现在还掌握了很强的信息技术，可以深入地、广泛地接触到大量原本只被限制在高级管理层的信息，并且能够把这些信息直接运用到他们的工作中去。在这里信息技术发挥了关键性作用。通过在组织机构中快速地传播各种专业信息，现代错综复杂的信息网络将旧工业时代决策制定者和决策实施者之间的差别，设想者和落实者之间的差别磨灭掉了。

就这样，信息技术将原本只属于领导者的，这些所谓的企业“首脑”的权利分配给组织中的普通员工，那些被比作组织的“手脚”的执行者们。

03

权利被分配到组织的各个层级，这极大地增加了员工的灵活性，使组织变得更加简洁高效。权利分配的改变也体现在对团队的重视程度的不断提高上。团队并不是简单的任务小组，因为在任务小组中，组员是由上级指派的，任务也是由上级分配的，业绩评定的标准也是由他们来制定的。

相反，一支真正的团队不仅要自行确定目标，而且还要设法去完成这些目标，在执行任务时会将理论与实践相结合。由于知识型组织中的团队自行决定自己的目标，他们也可以在工作的时候自由使用各种新信息，来改进其使用方法和目标。这样自治的团队使得最基层的团队成员也能自由选择适当的工作方式，以便随时利用信息技术。

基层员工的重要性得到极大的重视，因为他们是站在组织和客户的交叉点上的人。一个组织要想给自己的服务对象提供及时的反馈就必须给自己的员工足够的自主权和支持，否则必将失败。这是导致自上而下的层级制领导方式被很多人认为注定失败的真正原因——尽管有些人虽然这样觉得，其实却并不清楚为什么会如此。**官僚的领导控制住权力，不给一线员工足够的授权，使他们无法很好地发挥自己的专业技能，也无法运用手中的信息，直接对客户的需要做出迅速的反馈。**

不用等到将来，就现在，知识型组织就已不仅仅是存在，而是已经取得了较大的发展。这些知识型组织实际地反映了信息技术的发展，而这些技术决定了我们完成工作的方式。但是，尽管如此，我们中的大多数人还是坚持认为：领导力和高职位就是一码事，或者说领导力其实就是来自高职位。这也许是因为“基层领导”这个概念太过于自相矛盾，甚至超越了我们大家的想象力。也许是因为太难识别和定义“基层领导者”了。不管什么原因，如果我们继续将领导者与其所处位置等同起来，我们将无法真正理解和抓住组织的变化。

04

我相信，我们对领导力本质的看法在不久的将来必将会发生根本的转变。**知识的应用将不断地重新定义组织的本质和目标，我们将不得不开始在一线的员工身上寻找领导能力。**这种现象已体现在政坛上，公民们正在寻找各种途径来更直接地行使自己的权利。随着来自基层的领导者变得越来越普遍，一种适合培养不依赖于职位等级或身份的领导力的组织机构将逐步浮出水面。

那么，这种不依赖于职位等级或身份的领导力有什么样的特征呢？或者说能容纳这种领导力的组织有什么样的特征呢？

和英特尔公司的一位高级工程师特德·詹金斯（Ted Jenkins）的一席谈话，使得我对这个问题有了一些了解。特德·詹金斯可以说就是一个“无职位领导”的例子。尽管特德很为自己是英特尔公司雇佣的第六个员工而感到自豪，但他不会坐在那儿摆什么执行委员会委员的架子。他的头衔也没有高到让他有资格成为研究英特尔公司的领导力时作为被挑选的对象，但他却是那种我认为在未来几年会起着越来越重要作用的领导者。他对英特尔公司有非常深入的了解，能从哲学的角度考虑公司的问题。他影响着周围的员工，使他们以更加有效、更富有创意的方式开展工作。由于他有着多年与公司众多员工一起直接工作的经验，他对其他员工的能力非常了解，这使得他能在员工有需要时及时地为他们提供必要的资源。他是生产力的推动者，帮助确定应该如何完成工作。

詹金斯坚信，英特尔公司对基层领导者所采取的承认和重视的态度是英特尔的一项优势。他注意到在一些其他组织中，那些被赋予或接受了与其职位不相符的领导任务的员工常被认为是在侵犯别人的权利。在那样的组织中，资源往往集中在发号施令者手中。这常常会导致："少数有权力的员工将占有超出他们实际需要的资源，而其他人只好在缺乏资源的情况下工作。这是一种静态的、不合理的和无效率的方式。"

最拙劣的衡量权利的方式是根据地位的高低，这往往无法反映实际的权利需求情况。对于一个组织来说，要想灵活地运转，那么权利不应该仅仅从职位中获取。詹金斯描述了三种可能的获取权利的方式，分别是：专业技术、特殊知识或技巧；人际关系和与人交往的能力；崇高的、无形的个人威信或领袖魅力。

如果一个组织允许其所属员工可以展现或发展这三种能力，且忽视他们的职务关系，这将有利于促进组织机构内领导力的成长。

……

随着因特网的普及，使我们对世界有了一种新的理解、新的生活观点——世界仿佛就像一张相互连接的网。这种新观念颠覆了旧的等级假设。因为我们开始认识到，与其说自上而下的一个整体内的各个不同部分之间的动态连接是自然规律的体现，不如说是我们安排人类世界以反映过时观念的一种方式。于是，等级权利观念继续不断消失，而网络的发展更是起到了加速其灭亡的作用。

随着组织不断适应新的理念，领导力也将在我们难以想象的地点和以意想不到的方式不断发展。

（本文摘选自《未来的领导者（德鲁克纪念版）》，中国人民大学出版社，2006.1 ）

二次创业，对职业经理人来讲，就是一次创业，对创业者老板来讲，才是二次创业。

二次创业的实质：用理性权威代替个性权威

■ 作者｜包 政

很多企业都在说二次创业，但其实并不清楚二次创业的实质是什么？**一次创业向二次创业转变的实质是，用制度的理性权威代替创业者老板的个性权威。**确立企业的根本大法，使管理的合法性建立在根本大法之上，由此发育出管理体系，以及管理当局和职业经理人阶层。

众所周知，企业内部依靠有形的手，协调人与人之间的关系；企业外部依靠无形的手，协调人与人之间的关系。企业内部的关系是复杂的，谁说了算呢？过去是老板说了算。老板凭借个人的品行、创业的功绩、做事的胆略，自然获得个性上的权威。**要想把这种老板个性上的权威，转化为制度理性上的权威，转化为管理当局说了算，这是一件很难的事，但又是一件不得不做的事情。**难在哪里？一是创业者老板愿不愿意放下，二是职业经理人阶层能不能担当得起来，麻烦在于两者互为前提、互为因果。

个性权威和理性权威互动与交替的过程，就是老板与职业经理人之间互动的过程。说白了，老板要愿意放下，职业经理人阶层要愿意担当。毫无疑问，创业者老板必须是第一推动力，依靠自身的觉悟，推动这个“个性权威和理性权威”互动与交替的过程。老板要没有这种觉悟，职业经理人阶层就不可能承担起管理的责任。然而，创业者老板并非圣贤之人，往往做不出这样的决策，也会犹豫不决，前怕狼，后怕虎。最后结果一定是错失良机，断送企业的前程。

要知道，管理体系以及管理当局与职业经理人阶层，只能建立在制度理性权威的基础上，不可能建立在老板个性权威的基础上。**如果职业经理人必须看着老板的脸色行事，那么他就不会自然确立公司的立场，相反，他会在不断地纠结和折磨中失去公司的立场，乃至失去自己的职业性和专业性。**如果职业经理人在企业中的名誉、利益、身份和地位得不到制度的保障，那么他的行为举止就不可能依靠理性的制度去做，就不可能站在公司的立场上思考问题，选择正确的事情去做；相反，他很有可能是明哲保身，明知不可为而为之。

这种（老板）自我超越的实质是放下自我，确立起公司的立场。按照公司长期发展的要求建立制度。老板要不厌其烦地告诉每个职业经理人，他们可以不相信老板，但绝不可以不相信制度；明白无误地告诉每个职业经理人，唯有确立起制度的保障，才有可能跨越人的寿命，**使企业持续发展**。**仅有老板的觉悟是不够的，还需要职业经理人阶层做出积极的响应**。

很遗憾，很多职业经理人缺少担当，不喜欢为企业承担责任。相反，他们喜欢揣摩老板的心思，并依靠老板的权威做事，所谓大树底下好乘凉。不经意中，让老板一个人处在市场的风口浪尖上，处在无市场竞争的压力之下，处在企业内部争权夺利的旋涡之中。

久而久之，习惯成自然，老板与职业经理人就成了主仆关系。大树底下不长草，职业经理人彻底失去了对环境的好奇心和观察力，失去了独立思考的能力以及主动性和创造性。这是企业的悲剧，也是经理人员职业生涯的悲剧。从实践的经验来看，有不少企业真的希望建立起新规则，建立适度理性权威，但结果不尽如人意。在很多企业、个人权威没有破除，依然是一个人凌驾于制度之上，就像封建帝王所说，“朕言即法”。这导致普遍的制度意识培育不出来，人们似乎更相信人脉而不是制度。另外，普遍的诚信建立不起来，普遍的工作热忱就很难唤醒。一如既往，经理人心安理得地寻求自我保护，沉浸在打工意识和赚钱意识之中。最终结果迫使老板走上业绩导向之路，追求短期业绩。企业就这样在二次创业的路上逐渐衰退，没有持续增强的生命力。

深究其原因，是创业者老板没有真正觉悟，没有真正想明白：二次创业究竟意味着什么？自己在二次创业中应该扮演什么角色？二次创业究竟需要多少时间？一句话，精神准备不足。二次创业的路是漫长而曲折的，不可能一蹴而就，不能操之过急。必须三思而后行，百折不回头；必须亲力亲为，亲自操刀。二次创业不是别人的事，是创业者老板自己的事。**二次创业，对职业经理人来讲，就是一次创业，对创业者老板来讲，才是二次创业**。老板没有别的选择，必须再接再厉，依靠理性规则，缔造一个百年企业。开句玩笑，**就是自己挖一坑，把自己埋了**。

美国梅奥诊所的创立者就是这样，经历了一、二十年的漫长过程，完成了制度性的转变，把企业的合法性基础建立在企业的根本大法上。梅奥诊所已经有 150 年的历史，生命力依然强盛，至今没有任何衰败的迹象。

梅奥诊所创立者的做法是，按照百年企业的客观要求不断思考，探索前行的方向，其中包括关键性、制度性的安排，使关乎企业性质的转变，放在更大的时间和空间范围内进行。很多事情都应该这样，每个创业者老板都要有自己的理想和追求，按照理想的状态形成自己的追求，形成企业的使命，所谓志存高远。然后，把眼光放得远一些，追求放得高一些，不忘初衷，牢记使命，一步一步地予以实现。在这个追求的过程中，寻求或邀约志趣相投的人，形成企业的治理结构，不断努力，直至企业的性质改变，变成一个全体劳动者的共同体。

（本文选自《管理的本质》，机械工业出版社，2018.4）